Jörg Müller / Alexander Diensberg
Verrückt – Ein Christ hat Humor

Jörg Müller
Alexander Diensberg

Verrückt – Ein Christ hat Humor

J. F. Steinkopf Verlag
Stuttgart

Viele Gedichte aus Jörg Müllers beiden Bändchen »Ein Christ ...« (ISBN 3-7984-0658-8) und »Noch ein Christ ...« (ISBN 3-7984-0694-4), beide bei Steinkopf erschienen, stehen in innerem Zusammenhang mit den hier behandelten Themen. Bei Gemeindeabenden und anderen Veranstaltungen können sie zur Ergänzung herangezogen werden.

Die Dialoge zwischen Jesus und Don Camillo sind 1997 als eigener Titel veröffentlicht worden: »Don Camillo spricht mit Jesus« (ISBN 3-7984-0738-X). Jedes Kapitel beginnt mit einer ganzseitigen Illustration des Grafikers Florian Huber.

Die Deutsche Bibliothek - CIP- Einheitsauflahme

Müller, Jörg:

Verrückt - Ein Christ hat Humor / Jörg Müller; Alexander Diensberg.

2. Aufl. - Stuttgart; Kiel: Steinkopf, 1997 ISBN 3-7984-0701-0

2. Auflage 1997

ISBN 3-7984-0701-0

Die Bibelstellen sind entnommen aus der
Einheitsübersetzung der Heiligen Schrift,
© Katholische Bibelanstalt, Stuttgart 1980
Einbandgestaltung: Heidi Müller, München
Reproduktion: pkom Ulf Dengler, Stuttgart
Notensatz: Jürgen Kandziora, Frankfurt a.M.
Gesamtherstellung: Clausen & Bosse, Leck

INHALT

Humor 9

Über den Humor Jesu 11
Der Gang nach Emmaus *11* - Der Fischfang *14*

Der gestresste Christ 15
Klage eines Gestreßten *16* - Don Camillo spricht mit Jesus *17* - Wie Gott mir half, Zeit zu gewinnen *20* - Let's fetz! (Kanon) *21*

Der verleumdete Christ 22
Klage einer Verleumdeten *23* - Das Gerücht (Gedicht) *24*
Die Wiedergutmachung *26* - Sündenbock (Lied) *28*

Der satte Christ 31
Jesus verzeih, wir sind etabliert (Gedicht) *33* - Don Camillo spricht mit Jesus *35* - Der Satte *36* - Was lau ist, spuck' ich aus (Lied) *37*

Der zornige Christ 39
Klage eines Zornigen *40* - Alternativ (Gedicht) *42* - Don Camillo spricht mit Jesus *42* - Lieber Ärger als Nachtisch *45* - Lied vom Zorn Jesu (Lied) *46*

Der eifersüchtige Christ 47
Klage eines Eifersüchtigen *48* - Eifersucht (Gedicht) *50*
Don Camillo spricht mit Jesus *50* - Lied des Eifersüchtigen (Lied) *53*

Der verlassene Christ 54
Klage eines Verlassenen *55* - Gerade dann ... (Gedicht) *58* - Einer für alle (Lied) *60* - Don Camillo spricht mit Jesus *61* - Fußspuren ... *62* - Hab' Erbarmen (Lied) *63*

Der erfolgreiche Christ *65*
Don Camillo spricht mit Jesus *68* - Auf Zahlen kommt es nicht an *70* - Karriere nach unten (Lied) *72*

Der besorgte Christ *74*
Klage einer Besorgten *75* - Don Camillo spricht mit Jesus *78* - Neurotisch *79* - Mach Dir keine allzugroßen Sorgen (Lied) *80*

Der ängstliche Christ *81*
Klage eines Ängstlichen *82* - Don Camillo spricht mit Jesus *83* - Warum Gott meine Bitte nicht erhörte *86* - Einer, der Angst hat (Lied) *88*

Der ungeduldige Christ *89*
Klage eines Ungeduldigen *90* - Don Camillo spricht mit Jesus *91* - Wie Gott mich um Geduld bat *94* - Nimm dir Zeit und hab' Geduld (Lied) *96*

Der unzufriedene Christ *97*
Klage einer Unzufriedenen *98* - Wie Gott durch das Fernsehen zu mir sprach *101* - Mutmachlied (Lied) *102*

Der schuldiggewordene Christ *104*
Klage eines Versagers *105* - Don Camillo spricht mit Jesus *106* - Das Gesetz (Gedicht) *109* - Wie Gott mir eine zweite Chance gab *110* - Herr, es ist Zeit (Lied) *112*

Der kranke Christ *113*
Klage eines Rauchers *114* - Blauer Dunst (Gedicht) *116* - Don Camillo spricht mit Jesus *116* - Aus der Tiefe (Lied) *119*

Der trauernde Christ *120*
Don Camillo spricht mit Jesus *121* - Der Clown (Gedicht) *124* - Wie Gott mir Trost zusprach *125* - Offene Fragen (Lied) *126*

Der perfekte Christ *128*
Im Namen des Volkes (Gedicht) *130* - Don Camillo spricht mit Jesus *131* - Falsche Frömmigkeit (Gedicht) *132* - Perfektionismus (Gedicht) *133* - Verrückt - ich gebe Dir mein Leben (Lied) *134*

Der träumende Christ *136*
Ich träume (Gedicht) *138* - Träume sind nicht Schäume (Lied) *139* - Abendlied (Lied) *140*

Verzeichnis der Lieder und Liedanfänge *142*

HUMOR

ist der Halbbruder vom Witz; er reizt nicht zum Lachen, ist eher gelassen, leise, innerlich und von Zuversicht getragen. Der Witz ist oft ein brillanter Emporkömmling fragwürdiger Abstammung, der nicht selten auf Kosten menschlicher Schwächen zum schallenden Gelächter verführt. Manchmal befreit der Witz, glänzt durch seine Pointe. Aber er ist kurzlebig und verliert im Leid seine Existenzberechtigung. Da ist dann der Humor gefragt, der als Gabe des Heiligen Geistes nie verletzt, nie bloßstellt, nie zur Lebensverneinung führt.

Jeder Christ sollte in der Gewißheit seiner Erlösung froh und dankbar sein, auch im Leid. Das vermag nur die vertrauensvolle Haltung des Humors; sie löst Zorn, Angst, Selbstmitleid und Selbstgerechtigkeit auf. Der Humor ist ein Charisma, ein Charme Gottes.

Humorvolle Menschen sind verträglich; sie gewinnen dem Leid immer noch einen Sinn ab, gehen in die Tiefe. Ein literarischer Typ des Humors ist Don Camillo: offen, ehrlich, spontan, selbstbejahend. Auch Gott hat Humor.

Wir, die Autoren, wollen das in verschiedenen Gotteserfahrungen aufzeigen und in den Gesprächen Don Camillos mit Jesus nachvollziehen.

In sogenannten Klagen und in Gedichten hinterfragen wir durch Überzeichnung das Gottesbild mancher Christen und ihre menschlichen Macken. Die Liedtexte zeichnen dann vornehmlich den erlösten, heilen Menschen. Da sich im Unterschied zum Witz der Humor mit dem Ernst verträgt, stehen hier ernste und heitere Texte nebeneinander.

Es ist kein Zufall, daß beide Autoren Amateurzauberkünstler sind; daß der eine am 1. April, der andere am Fastnachtssonntag geboren wurde. Beide wählten den heiligen Philipp Neri zu ihrem Lieblingsheiligen. Er war in Rom bekannt durch seine herzhaften Scherze und originellen Einfälle, die in der heutigen verkopften Zeit Unverständnis hervorrufen würden. Immerhin ist er ein Heiliger geworden. Das gibt Anlaß zu Hoffnungen...

Jesus hatte Humor. Diese Tatsache ist bisher in der Theologie kaum gewürdigt worden. Wir haben versucht, diesen Humor in unterschiedlichen Bibeltexten zu ergründen. Wir wollen damit zum Nachdenken anregen und das eigene Verhältnis zu Gott und den Mitmenschen überprüfen. Jörg Müller schrieb sämtliche Texte einschließlich der Camillo-Dialoge. Alexander Diensberg schuf die Lieder, von denen Sie zwölf auf Musikcassette und Compact Disc hören können (»Verrückt – Lieder wider Lust-Verlust«, MC: Bestellnummer 3-7984-0703-7; CD: Bestellnummer 3-7984-0704-5, J. F. Steinkopf Verlag Stuttgart).

ÜBER DEN HUMOR JESU

Wenn wir davon ausgehen, daß Humor mit Gelassenheit und Gottvertrauen zu tun hat, daß er auch noch dem Leid einen Sinn abgewinnen kann und auf den guten Ausgang der Dinge hofft, dann ist es keine Frage: Jesus hatte Humor. Wir haben eingangs bereits festgestellt, daß Humor nicht mit Witzigkeit oder guter Laune verwechselt werden darf. Jesu Botschaft vom Loslassen unnötiger Sorgen, von der Vergebung der Sünden, vom beharrlichen Vertrauen zeugt von jener Gelöstheit und Zuversicht, die jedem Christen gut zu Gesicht stehen würde. Man sieht leider so wenig ge- und erlöste Gesichter!

Es gibt in der Heiligen Schrift zwei Erzählungen, die uns mysteriös vorkommen, eben geheimnisvoll in ihrer Hintergründigkeit: der Gang nach Emmaus und der Fischfang. In beiden Geschichten gibt sich Jesus nicht sofort zu erkennen. Er fragt die Jünger nach Dingen, die er selber sehr genau weiß. Aus theologischer Sicht ist klar, was Jesus bezweckt: Er will die Jünger zum Glauben an den auferstandenen Herrn führen. Da sind ja immer noch Zweifel zu spüren, Ängste, Unsicherheit, von Trauer gezeichnete Blindheit. In beiden Geschichten kommt den Jüngern erst die Gotteserkenntnis, nachdem etwas geschieht, was sie früher schon so oft mit Jesus erlebt hatten.

Der Gang nach Emmaus

Am gleichen Tag waren zwei von den Jüngern auf dem Weg in ein Dorf namens Emmaus, das sechzig Stadien von Jerusalem entfernt ist. Sie sprachen miteinander über all das, was sich ereignet hatte. Während sie redeten und ihre

Gedanken austauschten, kam Jesus hinzu und ging mit ihnen. Doch sie waren wie mit Blindheit geschlagen, so daß sie ihn nicht erkannten. Er fragte sie: Was sind das für Dinge, über die ihr auf eurem Weg miteinander redet? Da blieben sie traurig stehen, und der eine von ihnen – er hieß Kleopas – antwortete ihm: Bist du so fremd in Jerusalem, daß du als einziger nicht weißt, was in diesen Tagen dort geschehen ist? Er fragte sie: Was denn? Sie antworteten ihm: Das mit Jesus aus Nazaret. Er war ein Prophet, mächtig in Wort und Tat vor Gott und dem ganzen Volk. Doch unsere Hohenpriester und Führer haben ihn zum Tod verurteilen und ans Kreuz schlagen lassen. Wir aber hatten gehofft, daß er der sei, der Israel erlösen werde. Und dazu ist heute schon der dritte Tag, seitdem das alles geschehen ist. Aber nicht nur das: Auch einige Frauen aus unserem Kreis haben uns in große Aufregung versetzt. Sie waren in der Frühe beim Grab, fanden aber seinen Leichnam nicht. Als sie zurückkamen, erzählten sie, es seien ihnen Engel erschienen und hätten gesagt, er lebe. Einige von uns gingen dann zum Grab und fanden alles so, wie die Frauen gesagt hatten; ihn selbst aber sahen sie nicht.

Da sagte er zu ihnen: Begreift ihr denn nicht? Wie schwer fällt es euch, alles zu glauben, was die Propheten gesagt haben. Mußte nicht der Messias all das erleiden, um so in seine Herrlichkeit zu gelangen? Und er legte ihnen dar, ausgehend von Mose und allen Propheten, was in der gesamten Schrift über ihn geschrieben steht.

So erreichten sie das Dorf, zu dem sie unterwegs waren. Jesus tat, als wolle er weitergehen, aber sie drängten ihn und sagten: Bleib doch bei uns; denn es wird bald Abend, der Tag hat sich schon geneigt. Da ging er mit hinein, um bei ihnen zu bleiben. Und als er mit ihnen bei Tisch war, nahm er das Brot, sprach den Lobpreis, brach das Brot und gab es ihnen. Da gingen ihnen die Augen auf, und sie erkannten ihn; dann sahen sie ihn nicht mehr. Und sie sagten zueinander: Brannte uns nicht das Herz in der Brust, als er unterwegs mit uns redete und uns den Sinn der Schrift erschloß?

Noch in derselben Stunde brachen sie auf und kehrten nach Jerusalem zurück, und sie fanden die Elf und die anderen Jünger versammelt. Diese sagten: Der Herr ist wirklich auferstanden und ist dem Simon erschienen. Da erzählten auch sie, was sie unterwegs erlebt und wie sie ihn erkannt hatten, als er das Brot brach. Lk 24,13–35

Die Erzählung wirft Fragen auf: Weshalb handelt Jesus so und nicht anders? Weshalb tat er so, als ob er weitergehen wollte? Er hätte ja auch fragen können: »Darf ich noch eine Weile bei euch sein?« Doch seine Absicht war es, gerade die beiden Männer die Bitte aussprechen zu lassen. Und sie erkannten ihn am Brotbrechen. Mir fällt spontan dazu die TV-Serie »Was bin ich« mit Robert Lembke ein. Da wurde der Gast, dessen Beruf erraten werden sollte, um ein Handzeichen gebeten, das für seine berufliche Ausübung typisch ist. Jesus bricht das Brot. Das war sein Erkennungsmerkmal. Ich denke auch an einen Freund, der sich unbeobachtet von hinten an mich heranschlich, meine Augen bedeckte und mich raten ließ, wer er wohl sei. Erst an seiner Stimme oder an einer bestimmten, für ihn typischen Redewendung erkannte ich ihn.

Was Jesus tat, ist mehr als nur ein Spiel. Doch sei es gestattet, auch den humorvollen Aspekt dieser Geschichte zu erwägen. Sein spielerisches Eindringen in das Blickfeld der überraschten Jünger. Am Ende verschwindet er plötzlich. Ich kann mir gut vorstellen, wie sie da gesessen haben mögen: den Mund offen vor Staunen, überrumpelt. Fürwahr, ein effektvoller Abgang.

Der Fischfang

Danach offenbarte sich Jesus den Jüngern noch einmal. Es war am See von Tiberias, und er offenbarte sich in folgender Weise. Simon Petrus, Thomas, genannt Didymus (Zwilling), Natanaël aus Kana in Galiläa, die Söhne des Zebebäus und zwei andere von seinen Jüngern waren zusammen. Simon Petrus sagte zu ihnen: Ich gehe fischen. Sie sagten zu ihm: Wir kommen auch mit. Sie gingen hinaus und stiegen in das Boot. Aber in dieser Nacht fingen sie nichts. Als es schon Morgen wurde, stand Jesus am Ufer. Doch die Jünger wußten nicht, daß es Jesus war. Jesus sagte zu ihnen: Meine Kinder, habt ihr nicht etwas zu essen? Sie antworteten ihm: Nein. Er aber sagte zu ihnen: Werft das Netz auf der rechten Seite des Bootes aus, und ihr werdet etwas fangen. Sie warfen das Netz aus und konnten es nicht wieder einholen, so voller Fische war es. Da sagte der Jünger, den Jesus liebte, zu Petrus: Es ist der Herr! Als Simon Petrus hörte, daß es der Herr sei, gürtete er sich das Obergewand um, weil er nackt war, und sprang in den See. Joh 21,1–7

Die Frage Jesu nach etwas Eßbarem hätte eigentlich schon stutzig werden lassen müssen. Hat er sie nicht schon oft gestellt? Erst sein Lieblingsjünger erkannte Jesus, nachdem sie auf sein Geheiß hin so viele Fische fingen. Das war doch schon mal da. Daß Jesus nicht einfach herkommt und sagt: »Hallo, da bin ich wieder!« hat mit seiner so ganz anderen Absicht zu tun: Er wollte sich *erfahren* lassen. Denn nur die persönliche Gotteserfahrung spricht das Herz an. Daß er dies so und nicht anders »arrangierte«, hat auch mit seinem Humor zu tun.

Wie und wo erfährt der Christ seinen Gott? Wie steht es mit seinem Humor? In unterschiedlichen Situationen haben wir nachempfunden, wie Christen reagieren, wie sie ihren Alltag aus dem (Un)Glauben heraus deuten.

DER GESTRESSTE CHRIST

Das ist ein aktiver, auf allen Gemeindefesten und religiösen Veranstaltungen zu findender Mensch, ohne den nichts läuft. Er braucht dieses Gefühl des Gebrauchtseins, selbst dann noch, wenn er schon lange verbraucht ist. Mitunter gehört er zu jenen Typen, die tatsächlich genial begabt sind, »den Laden schmeißen«, Ideen einbringen, Gespür haben und Ansprechpartner für alles mögliche sind.

Doch dann gibt es die Momente, in denen er sich überfordert fühlt, sich am liebsten zurückziehen möchte, es aber nicht kann, weil er sich schwer tut, »nein« zu sagen; er könnte ja seine um Hilfe bittenden Mitmenschen verletzen. Das aber will er nun ganz und gar nicht.

Es gibt auch die anderen Typen, die ihren Glauben zu vertiefen suchen und bei keinem geistlichen Workshop und Weekend fehlen; sie saugen süchtig auf, was ihrer Seele gut tun könnte, ohne zu merken, daß sie den Punkt des mittleren Maßes längst überschritten haben und keinerlei geistlichen Fortschritt mehr machen. Und weil sie innerlich stehengeblieben sind, vermitteln sie sich das Gefühl des Fortschreitens, indem sie von einem Termin zum anderen reisen. Sie sind die Schatten der Seminarleiter, die Fans der Referenten, die Musketiere des lieben Gottes.

Wieder andere geraten in einen religiösen Streß, weil sie sich vorgenommen haben, täglich eine bestimmte Menge an Gebeten und religiösen Handlungen zu verrichten, ständig dem lieben Gott hochheilige Versprechen machen, pausenlos unter Dampf stehen, weil sie längst die innere Freiheit verloren haben, weniger zu »machen«, ein Gebet mal ausfallen zu lassen. Sie opfern sich für andere auf und sind so selbstlos, daß sie schon ihr Selbst los sind. Es fehlt ihnen am Mut zur Lücke, am Mut zum Loslassen, am Mut, sich bei Gott einmal auszuruhen und nichts zu leisten.

Wo der Glaube krank macht, ist der Glaube krank. Wo ich mich von Gott ständig gefordert fühle, stimmt das Gottesbild nicht. Gott übt keinen Druck aus, nur der Mensch selber. Dem gestreßten Christen sei gesagt, daß er das Reich Gottes nicht herbeizuführen braucht; es ist schon da. Für ihn ist der Humor als die Tugend der Gelassenheit das beste Heilmittel.

»Kommt, wir suchen einen ruhigen Platz«, sagte Jesus, »wo ihr ein wenig ausruhen könnt.«

Klage eines Gestreßten

Jesus, ich fühle mich derzeit nicht gut; die Arbeit belastet mich; da kommt eins aufs andere, pausenlos. Und dann diese Termine! Ich kriege kaum noch Luft. Jeder will etwas von mir: »Kannst du nicht mir zulieb...«, »Würden Sie so freundlich sein...«, »Hätten Sie fünf Minuten Zeit?«, »Beeile dich bitte«...

Du kennst ja die Situation. Und doch, was wäre, wenn es nicht so wäre? In letzter Zeit verspüre ich heftiges Pochen in meiner Brust. Und mit dem Schlaf ist es schon lange nichts mehr. – Gestern abend kam ich erst um Mitternacht ins Bett. Daß die besten Filme immer so spät gezeigt werden! Das müßte auch mal geändert werden. In der kommenden Woche muß ich die beiden Clubabende und den Handball ausfallen lassen; bloß wegen des vorgerückten Termins beim Steuerberater.

Da fällt mir ein: Ein guter Bekannter von mir will nächste Woche hereinschauen, ein alter Schulkamerad, weißt du. Konnte ich da »nein« sagen? Was glaubst du, was die Leute denken, wenn ich so täte wie ich wollte?! Mir wurde immer beigebracht: Beiß auf die Zähne! Sei nett zu den Leuten! Halt den Kopf steif! Jetzt habe ich seit Jahren schon Beschwerden im Nacken und eine chronische Kieferdeformation. Das hat man nun davon!

Jesus, wie hast du das bloß geschafft? 30 Jahre Vorbereitung, 3 Jahre Öffentlichkeitsarbeit. Du mußt ja auch ziemlich gestreßt gewesen sein, oder? Was ich an dir bewundere, ist, daß du bei alledem noch Zeit hattest für deinen täglichen Rückzug in die Stille.

Aber du mußt doch einsehen, daß sowas heutzutage in meinem Job nicht geht. Da wäre man ja rasch am Ende.

Wie bitte? Du meinst, ich irre mich? Ich sollte mir mehr Zeit nehmen für dich, mich und meine Familie? Du lieber Gott, das auch noch! Nein, das kannst du dir abschminken; das wäre nun wirklich zuviel des Guten. Immerhin rackere ich mich für die Meinen ab. Das mußt du mir doch zugute halten – oder?

Schon gut, schon gut. Ich bin selber schuld an meinem Zustand. Brauch mich ja nicht so hetzen zu lassen; könnte mal »nein« sagen, ausspannen, Urlaub machen. Mein Gott, Urlaub! Wann habe ich zuletzt Urlaub gemacht? Weißt du noch, Jesus, wie ich mit meiner Familie in Italien war? Lang ist's her.

Ich muß aufhören. Die Zeit drängt. Time is money, weißt du. Das mit dem Urlaub und der Stille überlege ich mir noch. Da ist was dran. Man müßte halt mehr Zeit haben. Du hast ja eine ganze Ewigkeit davon. Unsereiner kann froh sein, wenn mal ein Feiertag kommt; dann hab ich wenigstens Zeit, das Fahrrad zu reparieren. Also bis bald, Jesus.

Don Camillo spricht mit Jesus

CAMILLO: Herr, ich bin müde. Es ist einfach zuviel, was da auf mich zukommt. Kannst du mir nicht ein wenig Ruhepausen verschaffen?

JESUS: Es liegt nur an dir, Camillo, ob du Pausen machen willst oder nicht.

CAMILLO: Du hast gut reden, Herr. Dauernd kommen

die Leute zu mir ins Pfarrhaus; das Telefon läutet ständig und...

JESUS: Und?

CAMILLO: ...ja und dann die vielen Termine, Herr. Das ist ein schweres Kreuz, das du mir da gegeben hast.

JESUS: So schwer ist dein Kreuz nicht, Camillo. Ich habe dir z. B. nicht den Auftrag gegeben, die neue Orgel selber zu bauen, auch nicht, das Pfarrfest zu leiten, ganz zu schweigen von deiner Idee, einen Kaninchenzuchtverein zu gründen.

CAMILLO: Aber Herr, das kommt doch alles der Gemeinde zugute.

JESUS: Sicher, aber wenn du das alles selber tun willst, dann klage nicht über zuviel Arbeit. Ein Teil deines Kreuzes ist selbstgemacht, Camillo.

CAMILLO: Aber du hast gesagt, wir sollten mit unseren Talenten wuchern.

JESUS: Ja, ich habe aber auch gesagt: Alles hat seine Zeit.*

CAMILLO: Und wie soll ich wissen, wann was getan oder nicht getan werden soll?

JESUS: Komm zu mir und frage mich! Aber bisher hattest du nie Zeit, dich bei mir auszuruhen und gemeinsam mit mir darüber nachzudenken.

CAMILLO: Das stimmt. Ich bitte um Vergebung, Herr. Es soll nicht wieder vorkommen.

JESUS: Und was willst du nun tun?

CAMILLO: Ich werde die Orgel in Auftrag geben, Herr. Das andere kann warten.

JESUS: Bravo, Camillo. Und jetzt geh dich ein wenig ausruhen, damit du heute abend bei Kräften bist.

CAMILLO: Ja, Herr, das werde ich tun.

---

* Jesus wies immer wieder darauf hin, daß die Zeit noch nicht bzw. jetzt gekommen ist. Er lehrt uns, besser auf den rechten Moment zu achten (Mt 16,3; 21,41; 26,18... Vgl. auch Pred 3,3; 8,6).

AUCH JESUS konnte sich nicht immer dem Streß entziehen; die Menschenmassen erdrückten ihn fast; sie liefen ihm nach, so daß er manchmal rascher sein mußte, um ihnen zu entgehen, oder er schlug einen anderen Weg ein, um zur Ruhe zu kommen. Er zog sich oft zum Gebet zurück, allein oder mit seinen Jüngern. Diese Belastung gründete sich nicht im Verlangen, gebraucht und gefragt zu sein oder ständig in Aktion treten zu müssen, um sich zu beweisen, sondern allein in der Liebe zu den suchenden, verzweifelten und kranken Menschen. Es fällt auf, daß er nur da heilte, wo er darum gebeten wurde. Er selber drängte sich den Menschen nie auf; eher entzog er sich ihnen.

Jesus zog sich mit seinen Jüngern an den See zurück. Viele Menschen aus Galiläa aber folgten ihm. Auch aus Judäa, aus Jerusalem und Idumäa, aus dem Gebiet jenseits des Jordan und aus der Gegend von Tyrus und Sidon kamen Scharen von Menschen zu ihm, als sie von all dem hörten, was er tat. Da sagte er zu seinen Jüngern, sie sollten ein Boot für ihn bereithalten, damit er von der Menge nicht erdrückt werde. Denn er heilte viele, so daß alle, die ein Leiden hatten, sich an ihn herandrängten, um ihn zu berühren. Wenn die von unreinen Geistern Besessenen ihn sahen, fielen sie vor ihm nieder und schrien: Du bist der Sohn Gottes! Er aber verbot ihnen streng, bekannt zu machen, wer er sei. Mk 3,7–12

Sein Ruf verbreitete sich immer mehr, so daß die Menschen von überall herbeiströmten. Sie alle wollten ihn hören und von ihren Krankheiten geheilt werden. Doch er zog sich an einen einsamen Ort zurück, um zu beten.

Lk 5,15–16

Die Apostel versammelten sich wieder bei Jesus und berichteten ihm alles, was sie getan und gelehrt hatten. Da sagte er zu ihnen: Kommt mit an einen einsamen Ort, wo wir allein sind, und ruht ein wenig aus. Denn sie fanden nicht einmal Zeit zum Essen, so zahlreich waren die Leute, die kamen und gingen. Sie fuhren also mit dem Boot in eine einsame Gegend, um allein zu sein. Aber man sah sie abfahren, und viele erfuhren davon; sie liefen zu Fuß aus allen Städten dorthin und kamen noch vor ihnen an. Als er ausstieg und die vielen Menschen sah, hatte er Mitleid mit ihnen: denn sie waren wie Schafe, die keinen Hirten haben. Und er lehrte sie lange. Mk 6,30–34

Wie Gott mir half, Zeit zu gewinnen

Ich fuhr sehr rasch mit meinem Buggy von Saarbrücken nach Trier, um rechtzeitig zu einer Theaterprobe zu kommen, die für 20 Uhr angesetzt war. Wer nicht pünktlich kam, konnte damit rechnen, vom Regisseur von seiner Rolle abgesetzt zu werden. Ich beeilte mich; die Zeit war knapp. Dann passierte es: Plötzlich riß das Kupplungsseil, und nichts mehr ging. So lief ich ins nächste Haus, um einen Freund telefonisch um Hilfe zu bitten. Es war aussichtslos, pünktlich am Theater zu sein. In dieser Lage bat ich Gott um seinen Beistand: Herr, tu etwas! Laß dir irgend etwas einfallen, damit die Sache ein gutes Ende nimmt!

45 Minuten später laufe ich die Treppe hinauf zum Bühnenhaus, schleiche mich in Schweiß gebadet durch die Kulissen und höre in diesem Augenblick die Stimme des Regisseurs: »Herr Müller, bitte Ihr Auftritt!«

Die Proben begannen infolge einer technischen Panne bei der Beleuchtung 45 Minuten später.

Let's fetz! (Kanon) (Diensberg/Diensberg)

Alternativtext für geplagte Hausfrauen:

Kochen, kaufen, saugen, spülen,
fegen, flicken, waschen, wühlen,
Treppen und Gemüse putzen,
freie Zeit zum Nähen nutzen,
Schwitzen, Flitzen, Japsen, Stöhnen
und den Ehemann verwöhnen.

Alternativtext für gestreßte Seelsorger:

Messe lesen, Beichte hören,
Sünder finden und bekehren,
Andacht halten, Kinder taufen,
sich auch mal die Haare raufen,
Hirte sein für jedes Schaf,
und natürlich Mittagsschlaf!

Alternativtext für große Heilige:

Wunder wirken, Wunden heilen,
Seelen stärken, Sorgen teilen,
beten, fasten, meditieren,
innen ruhig sein, kontemplieren,
sowohl schaffen, als auch ruh'n *und*
sich auch mal was Gutes tun!

DER VERLEUMDETE CHRIST

Es ist sehr schmerzlich, verleumdet zu werden, vor allem dann, wenn es anonym vor sich geht. Solche Lügen vergiften die zwischenmenschlichen Beziehungen. Wer besonderen Wert auf einen guten Ruf legt, auf ein intaktes Image, wird sich hier sehr schwer tun, gelassen zu bleiben. »Und ist dein Ruf erst ruiniert, dann lebst du frei und ungeniert«, lautet eine billige Redensart; das gilt aber nur dann, wenn der Betreffende in der Tat einen schlechten Ruf hat.

Es ist ein Unterschied, ob ich aufgrund meiner religiösen Haltung oder aufgrund anderer Dinge verleumdet werde. Im ersten Fall sichert uns Jesus einen hohen himmlischen Lohn zu. Diese Zusage kann für viele eine Hilfe sein, falsche Anschuldigungen ruhig hinzunehmen. Hintergründe infamer Lügen über andere Leute können sein: Neid, Mißgunst, Eifersucht, Rache, Enttäuschung, verschmähte Liebe. Und dahinter verbirgt sich wiederum Ablehnung der eigenen Person. Denn wer eigene wirkliche oder vermeintliche Mängel bei sich selber nicht annehmen kann, läuft Gefahr, sie im Mitmenschen zu suchen. So projiziert er sie in einen Sündenbock hinein, um sich selbst reinzuwaschen.

Jesus wurde ständig verleumdet: Er ist ein Fresser, ein Säufer, ein Lügner, ein Verbrecher, ein Gotteslästerer; er steht mit dem Teufel im Bunde. Doch seine Reaktion war alles andere als Anklage vor Gericht, als Rache oder Haß.

Der Humor vermag diese häßlichen Geschehnisse erträglich zu machen; denn er weiß, daß Schweigen allemal besser ist als Gezeter.

Die Frage sei erlaubt, ob ein Christ wirklich als Christ lebt, wenn er noch nie mit Verleumdungen konfrontiert wurde; denn schon immer kann ein bewußtes Christsein provozieren und gewisse Mitmenschen zum Angriff reizen. Ihm ist es natürlich gestattet, sich mit rechtlichen Mitteln gegen existenzbedrohenden Rufmord zu wehren. Andererseits sind solche bitteren Demütigungen ein gutes geistliches Übungsfeld. Warum sollte es dem Schüler besser ergehen als seinem Meister? Wo wäre ein besseres Mittel zur Einübung der Demut und Gotteshingabe?

In einer öffentlichen Diskussion wurde einmal der Referent scharf und höchst unsachlich angegriffen. Man warf ihm Arroganz vor, Selbstherrlichkeit und Hochmut. Der Angegriffene war zutiefst betroffen und antwortete auf diese schwerwiegenden Anschuldigungen: »Sie haben völlig recht mit dem, was Sie sagen. Beten Sie für mich!«

Klage einer Verleumdeten

Herr, es ist unerhört, was da über mich geredet wird. Alles erstunken und erlogen. Wenn ich den erwische, der diese Lügenmärchen in die Öffentlichkeit bringt – gnade ihm Gott! Da müht man sich ab, seinen guten Ruf zu erhalten, dann passiert sowas. Hat man da noch Worte?

Hab ich das verdient, Herr? Hab ich das? Habe ich jemals andere Menschen schlecht gemacht? So richtig schlecht? Doch nie – oder?

Mein Gott, von den kleinen Lappalien rede ich ja gar nicht; das passiert jedem mal. Ich meine, die Sache mit der Oberhuber geht nicht auf mein Konto. Sie hat ja wirklich nicht den besten Ruf. Kann ich was dafür, daß ich zufällig ein Gespräch bei ihr mitbekam? Die muß ja nicht so laut reden, daß man's über den ganzen Hof hört, oder? Und dann diese Männer, die da dauernd bei ihr läuten. Da kann mir doch keiner erzählen, daß das alles Handwerker oder Vertreter sind. Habe mir immer schon gedacht, daß die so'n Flittchen ist. Kein Wunder, bei der Ehe! Naja, man möchte sich ja nicht einmischen. Geht mich auch gar nichts an.

Also, Herr, findest du das vielleicht gerecht, daß man mir nachsagt, ich würde den Leuten nachsagen, sie seien nur neidisch auf die Beförderung meines Mannes? Und ich hätte bei Friedrichs behauptet, die Oberhuber ließe sich bald scheiden, weil ihr Mann trinkt. Die sollen doch alle mal erst vor ihrer eigenen Tür kehren, sollen die.

Ich finde, du könntest auch einmal strenger durchgreifen. Jedenfalls hätte ich nichts dagegen, wenn solche Gerüchtekocher mal eins über ihr Maul bekämen. Und von wegen Feindesliebe und so. Ich habe ja weiß Gott nichts gegen Liebe. Und selbst die Vergebung, von der heute morgen der Pfarrer sprach – soll mir alles recht sein. Bin ja kein Unmensch. Aber in diesem Fall dulde ich keine Nachgiebigkeit. Man hat ja schließlich seine Prinzipien, nicht? Wo kämen wir denn hin, wenn wir alle so dächten! Nein, Ordnung und Recht müssen sein, Herr. Du hast ja selber dafür gesorgt, erinnere ich mich. Im Tempel oder wo das war.

Dieses Gerede ist unerträglich und falsch. Bitte, man ist ja kein Engel. Wir machen ja alle Fehler. Erst gestern abend hat der Oberhuber seine Frau wieder geschlagen; ich hab's zwar nicht gesehen, aber gehört hab ich es. Das kann man sich doch an den fünf Fingern abzählen. Oder?

Naja, man will ja nichts sagen. Geht mich ja auch nichts an. Aber wie gesagt, wenn ich den erwische, der über mich so herzieht, dann gnade ihm Gott. Nicht wahr, Gott?

Das Gerücht

Es bekämpft der eine heimlich und still
im anderen, was er selbst ganz gern will.
Und indem er erdichtet,
was den anderen richtet,
will er in seinem eigenen Leben
unerlaubtes Wollen und Streben
vertuschen, ohne es zuzugeben.

So entsteht das Gerücht.
Der arme Getroff'ne verteidigt sich sehr,
doch »Getroffene Hunde bellen noch mehr«.
Und schweigt er, so weiß der Volksmund am End'
auch hierfür ein Sprüchlein:
»Schweigen bekennt!«

So übt er Verzicht.
Das Gerücht wird Gericht.
Und da ein jeder heimlich und still
im andern verurteilt, was er selber gern will,
bleibt das Gerücht mit vollem Gewicht
erhalten bis zum Jüngsten Gericht.

SENSIBLE MENSCHEN können an den ihnen zugefügten Verleumdungen zugrundegehen. Wer Gelassenheit sein eigen nennen kann, kommt dabei noch gut weg; denn er vermag diese Lügen zu überhören und die möglichen Angriffe auszuhalten. Dies aber nur dann, wenn er weiß, daß er tatsächlich nicht so schlecht ist, wie man ihn macht. Ja, er weiß sogar, daß nur der im Schußziel steht, der irgendwie interessant erscheint. Denn »tote Hunde werden nicht mehr getreten«. Man könnte dem Verleumder sagen: »Ich bemerke, wie wichtig ich für dich bin. Das kann nur Liebe oder Haß sein, kaum aber Gleichgültigkeit. Ich bin traurig, daß ich dir Anlaß gab, so über mich zu reden.«

Selig seid ihr, wenn ihr um meinetwillen beschimpft und verfolgt und auf alle mögliche Weise verleumdet werdet. Freut euch und jubelt: Euer Lohn im Himmel wird groß sein. Denn so wurden schon vor euch die Propheten verfolgt. Mt 5,11–12

Mit wem soll ich diese Generation vergleichen? Sie gleicht Kindern, die auf dem Marktplatz sitzen und anderen Kindern zurufen: Wir haben für euch auf der Flöte (Hochzeitslieder) gespielt, und ihr habt nicht getanzt; wir haben Klagelieder gesungen, und ihr habt euch nicht an die Brust geschlagen. Johannes ist gekommen, er ißt nicht und trinkt nicht, und sie sagen: Er ist von einem Dämon besessen. Der Menschensohn ist gekommen, er ißt und trinkt; darauf sagen sie: Dieser Fresser und Säufer, dieser Freund der Zöllner und Sünder! Und doch hat die Weisheit durch die Taten, die sie bewirkt hat, recht bekommen. Mt 11,16–19

Die Wiedergutmachung

In einem indischen Dorf lebte eine Frau einsam und verbittert. Sie hatte im Lauf ihres Lebens alle ihre Verwandten und Freunde verloren, weil sie immer wieder Lügen über sie verbreitete. So wurde sie gemieden und vergrub sich noch tiefer in ihren Haß.

Eines Tages war sie in großer Not: Sie hatte sich in einer Tierfalle verfangen und schrie stundenlang um Hilfe. Doch niemand war bereit, sie zu befreien, nachdem bekannt war, wer da um Hilfe schrie. Ein junger Mann, der des Weges daherkam, fand sie schließlich nach 3 Tagen in elendem Zustand, befreite sie aus der Falle und brachte sie nach Hause, wo er sie gesund pflegte.

Es dauerte nicht lange, da wurde in ihr die Bitterkeit wieder wach und sie begann nun, überall Schlechtes von ihrem Retter zu erzählen: Er sei doch nur auf ihr gespartes Geld aus, er habe sie bestohlen und hege gewiß noch andere betrügerische Absichten. Als dies dem jungen Mann zu Ohren kam, begann er, über sie in der Öffentlichkeit nur Gutes zu erzählen: Wie gastfreundlich sie sei, wie aufopfernd und liebevoll sie ihn behandle.

Als die Frau das vernahm, begann ihr Herz weich zu werden; die Bitterkeit machte einem schmerzlichen Schuldgefühl Platz, und sie empfand auf einmal eine wachsende Zuneigung zu ihrem Retter. In aufrichtiger Reue bat sie um Vergebung und versprach ihm, ihre Verleumdungen wiedergutzumachen.

So trug der junge Mann ihr auf, all ihre Lügen auf ein großes Papier niederzuschreiben, es danach in viele kleine Stücke zu zerreißen und diese Papierfetzen vom höchsten Turm des Dorfes herunterzuwerfen. Das tat sie und war erfreut, auf diese Weise Genugtuung leisten zu können. Es vergingen einige Tage, als der junge Mann ihr nun auftrug, sämtliche Papierstücke zu suchen und wieder zusammenzufügen. »Das ist unmöglich«, sagte sie. »Der Wind hat sie zerstreut in alle Richtungen.«

»Ja«, antwortete der junge Mann, »du hast recht. Ebenso ist es mit deinen Lügen: Sind sie einmal erzählt, werden sie weitergetragen von Mund zu Mund, von Ort zu Ort, und du kannst sie nicht mehr rückgängig machen. Lerne daraus und verbanne die Lügen aus deinem Leben.«

(Quelle unbekannt)

SÜNDENBOCK (Diensberg/Diensberg)

2. Sie spucken auf die Erde vor dem Mann dort vom Zoll,
der mit fremdem Geld sich seine Taschen füllt.
Sie rufen, daß er sich doch zum Teufel scheren soll,
und sind hier zu vergeben nicht gewillt!
Sie sehen nur die Tat und daß ein Mensch hier Unrecht tut,
gefallen sich in Selbstgerechtigkeit!
»Dieser Mann ist ein Betrüger!«, und es überkommt sie Wut,
zur Versöhnung aber ist kein Mensch bereit!

3. Sie zeigen mit dem Finger auf den Schächer am Kreuz,
und sie lachen, wo ein Mensch kaputt gemacht!
Sie reiben sich die Hände und sind obendrein noch stolz.
»Ein Asozialer mehr zu Fall gebracht!«
Der Mensch schreit um Vergebung, doch die Masse schweigt im Wahn,
nur Gott spricht, wo er doch zu schweigen scheint:
»Keine Angst, mein Freund, und wisse, was auch immer Du getan,
heute noch wirst Du bei mir im Himmel sein!«

4. Wir zeigen mit dem Finger auf den Penner im Park,
spucken vor Verurteilten verächtlich aus!
Wir ekeln uns vor Schwulen und sind im Beschimpfen stark
und rufen auf der Straße: »Türken raus!«
Wer AIDS hat, ist verstoßen, denn er ist ja selbst dran schuld,
wer Drogen nimmt, gehört doch längst vergast!
Und wir haben mit den Kranken immer weniger Geduld,
und wer Angst hat und sich fürchtet wird gehaßt!

Coda: Die Urteile fällt man damals wie heute ad hoc! *
Und immer noch braucht die Wut der Menge ihren Sündenbock!

(* Ad-hoc-Urteile sind spontan getroffene Urteile, die oft zuwenig bedacht, weil zuviel gefühlt sind!)

DER SATTE CHRIST

Einen satten Christen darf es eigentlich nicht geben; denn die Begriffe schließen sich aus. Sattheit meint hier Selbstzufriedenheit im abschreckenden Sinn. Tatsächlich ist zu beobachten, daß die Glaubenspraxis in satten, etablierten Ländern rapide verödet. Die Erfahrung des ständigen Überflusses erstickt offenkundig den geistlichen Hunger. »Selig, die hungern und dürsten nach Gerechtigkeit«, sagt Jesus in seiner Bergpredigt, aber auch »selig die Armen im Geist«, das heißt die Menschen, die sich nicht von ihrem Wohlstand verderben lassen.

Gott hat nichts gegen Reichtum. Er hat aber entschieden etwas gegen Ausbeutung, Habgier, Vergötzung irdischer Güter, Verschwendung...

Der satte Christ betet nicht mehr. Ihm fehlt das Bewußtsein seiner Ohnmacht und die Erfahrung des Ausgeliefertseins. Für ihn ist fast alles machbar. Wir gehören fast alle zu den Wohlhabenden, zu den Begüterten. Das verpflichtet zum Teilhabenlassen. Es dürfen nicht die Brotkrumen sein, die wir vom Tisch fallen lassen, der Überfluß also, sondern das Brot selber. Wer nur vom Übriggebliebenen gibt, bleibt unnahbar und unberührt von der Not der Hungrigen. Mit sattem Bauch läßt sich trefflich über Hunger diskutieren; dann kann sogar das Fasten zu einer Farce werden.

Kann ich mich noch an einer Kleinigkeit erfreuen? Bekomme ich noch Herzklopfen, wenn mir jemand ein selbstgemachtes Bild oder Gedicht schenkt? Weiß ich mich ausgeliefert, aber auch geborgen in den Händen Gottes?

Alles kann man satt kriegen: man kann sich satt sehen, satt essen, bis zum Überdruß dies und jenes satt haben.

Das ist sattsam bekannt. Nur eines läßt sich ewig ertragen, von jedem erwünschen: Zuneigung, Liebe. Sie ist das einzige, was die tiefste Sehnsucht aller Menschen erfüllt. Und viele, die nie geliebt worden sind, vergraben sich verzweifelt in Ersatzbefriedigungen: Kaufzwang, Freßgier, Herrschsucht...

Der Satte ist weder heiß noch kalt; er ist lau, gleichgültig, träge. Darin liegt sein Verhängnis; denn hassende oder liebende Menschen sind immer ansprechbar in ihren Gefühlen, sind interessiert an dem Nächsten, den sie hassen oder lieben. Dem Gleichgültigen hingegen ist alles gleichgültig. Er macht keine Unterschiede. Wer liebt oder haßt, unter-scheidet. Darin liegt seine Chance zur Umkehr, die Chance, auch anders zu wählen. Wer satt ist, hat es satt.

WER SATT IST, ist träge. Die Sattheit kann materieller Natur sein: Er ist wohlgenährt, reich, begütert. Sie kann auch ideeller Art sein; dann ist er angesehen, geachtet, einflußreich. So eine Sattheit führt sehr rasch zu Bequemlichkeit und Lauheit. Und so kommt es dann, daß derjenige, der alles zu haben glaubt, gar nichts hat.

»Weh euch, ihr Satten. Ihr werdet hungern!« sagte Jesus in der Feldpredigt (Lk 6,25). Wer keinen Hunger, keine Sehnsucht mehr hat, wird eine Einladung zum Mahl nicht annehmen, wie die folgende Erzählung zeigt:

Sagt den Eingeladenen: Mein Mahl ist fertig, die Ochsen und das Mastvieh sind geschlachtet, alles ist bereit. Kommt zur Hochzeit! Sie aber kümmerten sich nicht darum, sondern der eine ging auf seinen Acker, der andere in seinen Laden, wieder andere fielen über seine Diener her, mißhandelten sie und brachten sie um. Da wurde der König zornig; er schickte sein Heer, ließ die Mörder töten und ihre Stadt in Schutt und Asche legen. Dann sagte er zu seinen Dienern: Das Hochzeitsmahl ist vorbereitet, aber die Gäste waren es nicht wert (eingeladen zu werden). Geht also hinaus auf die Straßen und ladet alle, die ihr trefft, zur Hochzeit ein. Die Diener gingen auf die Straßen hinaus und holten alle zusammen, die sie trafen, Böse und Gute, und der Festsaal füllte sich mit Gästen. Mt 22,4–10

An den Engel der Gemeinde in Laodizea schreibe: So spricht Er, der »Amen« heißt, der treue und zuverlässige Zeuge, der Anfang der Schöpfung Gottes:

Ich kenne deine Werke. Du bist weder kalt noch heiß. Wärest du doch kalt oder heiß! Weil du aber lau bist, weder heiß noch kalt, will ich dich aus meinem Mund ausspeien. Du behauptest: Ich bin reich und wohlhabend, und nichts fehlt mir. Du weißt aber nicht, daß gerade du elend und erbärmlich bist, arm, blind und nackt. Offb 3,14–17

Jesus verzeih, wir sind etabliert

Denn wir sammeln
Erfolge,
Reichtümer,
Ansehen.

Wir schließen in deinem Namen
Kompromisse,
die Augen,
die Türen.

Wir machen mit dir
Geschäfte,
den Prozeß,
Schluß.

Wer von uns nicht
weiß ist, ist zweitklassig,
nicht reich ist, hat selber schuld,
nicht angesehen ist, ist uninteressant.

Du bist
der letzte Nothelfer,
der größte Sozialreformer,
der neueste Schlager.

Wir sind
zu stolz, zu nehmen,
zu feige, zu geben,
zu stumpf, zu teilen.

Wir rühmen uns
der Toleranz,
der Diplomatie,
der Moderne.

Und meinen
Gleichgültigkeit,
Verlogenheit,
Feigheit.

Wir klagen an:
Was habe ich alles getan!
Das verdankt er nur mir!
Undank ist der Welten Lohn!

Wir sagen:
Was geht mich das an?
Was kann ich dafür?

DU ABER HAST GESAGT:
WAS IHR DEM GERINGSTEN TUT,
TUT IHR MIR!

Don Camillo spricht mit Jesus

CAMILLO: Herr, was soll ich machen? Der größte Teil meiner Gemeinde kommt am Sonntag nicht in die Kirche. Ja, es gibt Leute darunter, die sich lustig machen über die Alten, die dir treu sind. Alle Mahnungen nutzen nichts; selbst Drohungen richten nichts aus.

JESUS: Du sollst nicht drohen, Camillo. Begegne ihnen freundlich und überlaß das andere mir!

CAMILLO: Das habe ich auch gemacht, Herr. Dieses Volk ist nicht nur dickköpfig; es ist auch lau. Und Laue spuckst du aus, hast du gesagt.

JESUS: Du hast keine Geduld, Camillo. Hast du je erlebt, daß sich Menschen bekehren, wenn ihnen gedroht wird?

CAMILLO: Nein, Herr. Aber kannst du nicht doch einmal ein Wunder tun? Einmal, Herr, ein klitzekleines Wunder?

JESUS: Was ist, Don Camillo? Willst du eine volle Kirche haben zu deiner oder zu meiner Ehre?

CAMILLO: Zu deiner Ehre natürlich. Etwas anderes würde ich mir nie wünschen.

JESUS: Wirklich nicht?

CAMILLO: Verzeih, Herr, ein bißchen habe ich auch an mich gedacht.

JESUS: Und was hast du bisher dafür getan, damit mehr Leute in die Kirche kommen?

CAMILLO: Herr, eine Menge. Ich habe schöne Gesänge eingeführt, neue Ministrantengewänder; wir haben eine neue Glocke, beheizte Bänke, Jugendgottesdienst mit modernen Liedern...

JESUS: ...und? Hast du nichts vergessen?

CAMILLO: Ab und zu zeige ich während der Predigt ein paar Dias, um deine Worte zu veranschaulichen.

JESUS: Alles gut und schön, Camillo. Aber ist die Kirche voller geworden?

CAMILLO: Nein, Herr. Es ist zum Verzweifeln.

JESUS: Die Menschen brauchen etwas für ihr Herz, nicht für ihren Kopf. Sie wollen hören, wie ich heute für sie erfahrbar bin; sie wollen dein Zeugnis und das Zeugnis anderer; sie brauchen deine Gebete, Camillo.

CAMILLO: Ja, Herr, du hast recht. Das habe ich vergessen. Es sind ja auch viele gute Menschen darunter. Ich verspreche dir, mehr für sie zu beten.

JESUS: Und mehr Zeugnis abzulegen von meiner Liebe.

CAMILLO: Jawohl, Herr, mehr Zeugnis von deiner Liebe.

Der Satte

Einer meiner Schüler lud mich eines Tages nach Hause bei seinen Eltern zum Abendessen ein. Vor dem Essen wollte er zum Tischgebet ansetzen, wohl deshalb, weil ich als sein Religionslehrer anwesend war; denn ich merkte, daß das Beten hier schon lange nicht mehr praktiziert wurde. Als der Vater sah, daß sein Sohn zu beten anfing, unterbrach er ihn mit den Worten: »Seit wann beten wir denn vor dem Essen? Du brauchst doch jetzt nicht mit dem Beten anzufangen. Wir haben doch alles!« Der Junge saß da mit hochrotem Kopf, während die Mutter verlegen wegschaute und sich noch einmal in die Küche begab. Ich entgegnete: »Eben deshalb, weil wir alles haben, beten wir!«

Was lau ist, spuck' ich aus (Müller/Diensberg)

2. Was ihr den Menschen tut,
dasselbe tut ihr mir,
drum seid zu allen gut!
Drum seid für mich bereit, das Leben hinzugeben;
doch wer nur an sich denkt, verliert sich und das Leben.

3. Wer groß sein will von euch,
der sei der kleinste hier,
dann kommt er in mein Reich!
Drum seid für mich bereit, als Diener ich euch sende;
doch wer sich größer dünkt, wird letzter sein am Ende.

4. Wer meinen Worten traut,
und sie zu leben sucht,
hat nicht auf Sand gebaut!
Drum seid für mich bereit, nach meinem Wort zu handeln;
doch wer es von sich weist, wird wert- und wortlos wandeln.

5. Die Lauen spuck' ich aus,
denn die Bequemlichkeit,
führt nicht zum Vaterhaus!
Drum seid für mich bereit, euch stets zu engagieren,
doch wer sich selber sucht, der wird sich rasch verlieren.

DER ZORNIGE CHRIST

Im folgenden sind die Begriffe Zorn, Wut, Ärger und Jähzorn austauschbar, wenngleich sie ansonsten nicht dasselbe bedeuten. Zorn kann berechtigt sein; dennoch darf er nie zu verletzenden Reaktionen führen. Gerade der Christ muß lernen, seine aggressiven Gefühle zu kanalisieren, das heißt frühzeitig zu erkennen und zu artikulieren. Wenn er seinen Zorn immer wieder herunterschluckt und ihn nicht auf faire Weise abreagieren kann, dann besteht die Gefahr des abrupt aufbrechenden Jähzorns.

Es gibt genügend Anlaß zum Zorn. Und jeder Anlaß ist zugleich Gelegenheit, über seine Empfindungen zu sprechen. Jesus war nie jähzornig, wütend; die Bibel spricht wiederholt von seinen inneren Erregungen, von Zorn, gepaart mit Trauer. Jede Vergeltungsmaßnahme lehnte er strikt ab im Unterschied zu den Jüngern, die da oft anderer Meinung waren. So hieb Petrus dem Malchus ein Ohr ab, was Jesus sofort tadelte. Auch den Wunsch, Feuer vom Himmel auf die Sünder fallen zu lassen, wies er energisch zurück.

Die Psalmen sprechen oft vom Zorn Gottes und beschwören die heilige Rache auf die Feinde herab. Ein solches Gottesbild hat Jesus nie verteidigt, eher korrigiert: Sein Vaterbild war geprägt von Vergebung, Toleranz und von Geduld. Und wenn er selbst einmal handgreiflich wurde und die Tempelhändler samt ihren Tischen hinauswarf, so war dies kein unüberlegter Akt von Zorn, sondern die letzte Möglichkeit, diesen Leuten klarzumachen, wie schlimm es ist, einen Gottestempel als Kaufhaus zu mißbrauchen. Immerhin griff er die Armen, die sich mit dem Verkauf von Opfertauben ein wenig Geld verdienen wollten, nicht an.

Viele Christen sind verärgert über manche Mißstände in ihrer Kirche. Zu Recht. Das aber darf nicht Grund sein für unfaire Reaktionen. Ärger und Zorn wird es immer geben; es kommt darauf an, wie ich darauf antworte. Der in Gelassenheit geübte Christ wird angesichts ärgerlicher Zustände immer auch traurig sein, weil er liebt. Und eben die Liebe ist es, die den gottgläubigen Menschen auszeichnet. Es hat sich immer bewährt, für die Menschen zu beten, die Anlaß zum Zorn geben, und für sich selbst zu beten, wenn einen der Zorn zu ersticken droht. Paulus mahnt die Eltern, ihre Kinder nicht zum Zorn zu reizen (Eph 6,4), weil sie sich mitschuldig machen.

Klage eines Zornigen

Herr, ich bin verärgert, erzürnt. Ich bin überhaupt immer verärgert; das bringt mein erhöhter Blutdruck so mit sich, weißt du. Ich koche.

Du solltest unbedingt härter durchgreifen, unbedingt. Du bist viel zu nachgiebig, finde ich. An deiner Stelle hätte ich schon lange dazwischengefunkt.

Sollte man da nicht aus der Haut fahren können, wenn diese Industriehalunken ihre Abgase zu dir hochschleudern? Meistens kriecht ihre Schwefelwolke ohnedies am Boden herum, wie weiland bei Kain, dessen Rauchsäule auch nicht aufrecht stieg. Ganz klar, bei diesen Mördern!

Ich habe Bauchschmerzen vor Wut, wenn ich daran denke, wie viele honorige Herren unsere Gewässer verschmutzen und dann großkotzige Spenden für die Armen der dritten Welt machen.

Diese Heuchler, Herr. Gib ihnen Saures, nicht uns, den Unschuldigen, die am sauren Regen noch zugrundegehen, weil schon lange nicht mehr alles Gute von oben kommt. Ich habe eine ohnmächtige Wut, weil ich nichts daran ändern kann, Herr. Jeder soll seinen Teil dazu beitragen, sagte neulich der Umweltminister. Mein Gott, was ist im Vergleich dazu meine gestern weggeworfene Bierdose? Was ist das gegen die Millionen Wegwerfverpackungen? Kann ich was dafür, wenn die Geschäfte immer noch kein unweltfreundliches Material verwenden, Spraydosen mit Treibgas anbieten? Soll ich vielleicht 12 km weiter fahren, bloß weil die in ihrem Laden umweltfreundlich sind? Ich hab vielleicht einen Hals. Seit Jahren tut der mir weh. Und dann dieses politische Geschwafel. Merken denn die da oben nicht, daß es bald 12 ist? Und du ganz da oben, Herr, schaust zu, wie uns langsam die Puste ausgeht. Wie finde ich denn das?

Herr, das muß ein Ende haben, sonst sind wir am Ende. Neulich ging ich am alten Reiterhof vorbei und was sehe ich? Riesige Müllhalden, stinkend und qualmend. Allmählich glaube ich dem Pfarrer, wenn er sagt, die Hölle sei ein schwefeliger Feuersee. Die Hölle sind wir, Herr. Es stinkt zum Himmel.

Jetzt habe ich mir einen Wagen mit Kat gekauft; der soll ja sauber sein; da kann ich wenigstens mal wieder auf die Düse drücken! Das bißchen Dreck wird ja wohl nicht der Rede wert sein. Wenn ich mir dagegen so ein Flugzeug betrachte, o Gott, o Gott; mit dem Kerosin, das da runterkommt, könnte man ein ganzes Dorf beheizen. Das ist nicht zum Aushalten. Nächste Woche fliege ich nach Mallorca. Ich brauche dringend Erholung. Dort habe ich mir bereits ein Motorboot gemietet. Will mal für ein paar Tage nichts von dieser verschmutzten Gegend sehen, Herr. Also dann adieu.

Alternativ

Der eine tobt,
es wird einem bang.
Doch kann er rein physisch
nicht klagen.
Der andre beherrscht sich
ein Leben lang
und züchtet Geschwüre
im Magen.

Don Camillo spricht mit Jesus

CAMILLO: Herr, ich muß dir etwas beichten. Ich habe Schuld auf mich geladen. Ich habe in einem Anfall von Zorn dem jungen Cinetti einen Kinnhaken versetzt, daß er zu Boden ging und sich verletzte. Ich bitte um Vergebung.

JESUS: Du hast deinen Zorn nicht beherrschen können, Camillo?

CAMILLO: Ja, Herr. Es tut mir leid. Dieser Cinetti hat mich gereizt; er ist so rechthaberisch und gibt an wie ein geölter Pfau.

JESUS: Und dein Recht, Camillo? Hast du es nicht mit der Faust durchsetzen wollen?

CAMILLO: Gewiß, Herr. So ist es. Aber versteh mich, dieser Lümmel, dieser Halunke – Verzeihung –, also dieser Cinetti muß doch einmal begreifen, daß es so nicht geht.

JESUS: Camillo. Du bittest mich um Vergebung, und dann fängst du an, deine Tat zu rechtfertigen. Du hast mir gesagt, es täte dir leid. Entschuldige dich bei ihm.

CAMILLO: Herr, das will ich ja tun. Gleich bei der nächsten Gelegenheit.

JESUS: Also jetzt?!

CAMILLO: Jetzt? Aber Herr, ich dachte so an nächsten Mittwoch.

JESUS: Das ist die übernächste Gelegenheit, Camillo.

CAMILLO: Gut, Herr. Du hast gewonnen. Aber kannst du ihn nicht ein bißchen zappeln lassen? Er macht morgen seine Fahrprüfung; er könnte doch einmal durchfallen, Herr, nur ein einziges Mal.

JESUS: Don Camillo. Warum willst du dich rächen? Du bittest mich um Vergebung und verweigerst sie deinem Nächsten!

CAMILLO: Nein, Herr. Ich wollte – ich meine... so ein bißchen Buße...

JESUS: Du forderst nicht Buße, Camillo, sondern Strafe. Deine Vergebung ist nicht bedingungslos.

CAMILLO: Du hast recht, Herr. Ich bitte nochmals um Verzeihung. Ich sehe ein, du hast es nicht leicht mit mir.

JESUS: Dann geh jetzt zu Cinetti und entschuldige dich bei ihm für dein Verhalten.

CAMILLO: Ja, Herr. Und was ist, wenn *er* mir einen Haken versetzt?

JESUS: Dann halte deine andere Wange ihm auch hin.

CAMILLO: Wenn ich dann noch kann, Herr...

JESUS: Du kannst, Camillo.

WENNGLEICH der Humor auch eine Haltung der Gelassenheit ist, bedeutet dies nicht, daß er berechtigten Zorn verhindern müßte. Es gibt Situationen, die einen Menschen derart emotional erregen, daß er etwas unternehmen muß. Hierbei ist vor allem an die Verteidigung der Menschenrechte zu denken, die ja immer auch göttliche Rechte sind. Jesus weist darauf hin, daß es nicht um Rache gehen darf, nicht um eine impulsive Abreaktion momentaner Wut. Er selbst empfand oft Zorn angesichts der Verstocktheit vieler Menschen; zugleich war dieser Zorn immer auch mit Trauer verbunden. Und gerade in der Trauer um die fehlende Einsicht seiner Umwelt beweist sich die Liebe zu den Sündern.

Als die Zeit herankam, in der er (in den Himmel) aufgenommen werden sollte, entschloß sich Jesus, nach Jerusalem zu gehen. Und er schickte Boten vor sich her. Diese kamen in ein samaritisches Dorf und wollten eine Unterkunft für ihn besorgen. Aber man nahm ihn nicht auf, weil er auf dem Weg nach Jerusalem war. Als die Jünger Jakobus und Johannes das sahen, sagten sie: Herr, sollen wir befehlen, daß Feuer vom Himmel fällt und sie vernichtet? Da wandte er sich um und wies sie zurecht. Und sie gingen zusammen in ein anderes Dorf. Lk 9,51–56

Das Paschafest der Juden war nahe, und Jesus zog nach Jerusalem hinauf. Im Tempel fand er die Verkäufer von Rindern, Schafen und Tauben und die Geldwechsler, die dort saßen. Er machte eine Geißel aus Stricken und trieb sie alle aus dem Tempel hinaus, dazu die Schafe und Rinder; das Geld der Wechsler schüttete er aus, und ihre Tische stieß er um. Zu den Taubenhändlern sagte er: Schafft das hier weg, macht das Haus meines Vaters nicht zu einer Markthalle! Seine Jünger erinnerten sich an das Wort der Schrift: Der Eifer für dein Haus verzehrt mich.

Joh 2,13–17

Ihr habt gehört, daß gesagt worden ist: Auge für Auge und Zahn für Zahn. Ich aber sage euch: Leistet dem, der euch etwas Böses antut, keinen Widerstand, sondern wenn dich einer auf die rechte Wange schlägt, dann halt ihm auch die andere hin. Und wenn dich einer vor Gericht bringen will, um dir das Hemd wegzunehmen, dann laß ihm auch den Mantel. Und wenn dich einer zwingen will, eine Meile mit ihm zu gehen, dann geh zwei mit ihm. Wer dich bittet, dem gib, und wer von dir borgen will, den weise nicht ab.

Mt 5,38–42

Lieber Ärger als Nachtisch

Ein Reisender gab dem Speisewagenkellner seine Bestellung auf. »Zum Nachtisch«, sagte er, »möchte ich Obsttörtchen und Eis.«

Der Kellner sagte, sie hätten keine Obsttörtchen. Der Mann explodierte. »Was? Keine Törtchen? Das ist absurd. Ich bin einer der besten Kunden dieser Eisenbahnlinie. Jedes Jahr organisiere ich Reisen für Tausende von Touristen und lasse Hunderte von Tonnen Fracht mit der Bahn befördern. Und wenn ich selbst einmal mit dieser Linie reise, kann ich noch nicht einmal einfache Obsttörtchen bekommen! Ich werde das mit dem Vorstand besprechen.«

Der Küchenchef rief den Kellner zu sich und sagte: »Wir können ihm diese Törtchen bei der nächsten Station besorgen.«

Gleich nach dem nächsten Halt ging der Kellner noch einmal zu dem Reisenden. »Ich bin glücklich, Ihnen sagen zu können, Sir, daß unser Küchenchef diese Törtchen speziell für Sie gemacht hat. Er hofft, sie werden Ihnen schmecken. Und außerdem erlauben wir uns, Ihnen dazu diesen 75 Jahre alten Cognac anzubieten mit Empfehlungen von der Eisenbahngesellschaft.«

Der Reisende warf seine Serviette auf den Tisch, ballte die Faust und schrie: »Zum Teufel mit den Törtchen! Ich möchte wütend sein!«

Lied vom Zorn Jesu (Müller/Diensberg)

2. Als Du sahst die selbstgerechten Lügen
von Rabbinern, die sich selbst genügen,
und als pharisäisch sind bekannt,
|: da wurdest Du sehr zornig! :|
»Getünchte Gräber« hast Du sie genannt.

3. Als Du sahst, daß in Chorazin leider
dein Wort verhallte, wie auch in Bethsaida
und niemand Buße tat im Haus,
|: da wurdest Du sehr zornig :|
und riefest Deine Wehe-Rufe aus!

DER EIFERSÜCHTIGE CHRIST

Eigentlich hat gerade der Christ nicht den geringsten Anlaß zur Eifersucht, da ihm die Liebe Gottes zugesichert ist und da er sich als Bruder oder Schwester des anderen versteht. Doch dieses Bewußtsein dringt bei den meisten nicht in die Tiefe ihres Herzens. Sie wollen exklusive Liebe, eine besitzergreifende Liebe, die eine dritte Person über die eheliche Beziehung hinaus ausklammert. Manchmal ist das ein Egoismus zu zweit. »Ich habe dich lieb« pervertiert oft genug zu einem »Ich habe dich«.

Eifersucht ist eine anerzogene Angst vor dem Verlust eines geliebten Menschen. Jeder von uns sehnt sich nach der vollkommenen Liebe, nach dem »siebten Himmel« auf Erden. Die Erfüllung dieser Sehnsucht ist uns zugesagt, aber erst nach dem Tod.

Der Eifersüchtige ist eifrig am Suchen; er sucht nach der Bestätigung des Nichtgenügendgeliebtseins, oder er sucht sehr eifrig, dem geliebten Menschen zu gefallen, ihn an sich zu binden, alles für ihn zu tun. Dabei investiert er alle seine Gefühle und Energien, seine Träume und Illusionen. Am Ende folgt die Enttäuschung, das Ende der Täuschung. »Herr, lehre mich loszulassen«, muß der Eifersüchtige beten.

Von vielen Ehepaaren und Freunden weiß ich, daß diese Verlustangst erst in dem Augenblick zu schwinden begann, als sie ihren Glauben intensivierten und gemeinsam zu leben versuchten. Vorher blickten sie sich sozusagen ständig in die Augen, waren aufeinander fixiert, jetzt schauten sie gemeinsam in die gleiche Richtung, auf Gott. Das scheint mir die beste Er-lösung für eine unerlöste Liebe zu sein.

Offen miteinander reden, seine Ängste zugeben, den anderen immer wieder loslassen, das sind wesentliche Schritte zur Bewältigung schmerzhafter Eifersucht, die sich manchmal auch körperlich manifestiert: in Bauchschmerzen, Schlafstörungen, Eßstörungen...

So ein kleines bißchen eifersüchtig sein kann zur ständigen Werbung motivieren: Der Betreffende wird sensibler für die Belange des anderen, ist eher zu Opfern bereit, ist bemüht, sich liebenswert zu halten.

Es gibt auch eine geistliche Eifersucht; sie ist der Neid auf die geistlichen Erfolge anderer. Da schwingt der irrige Gedanke mit, Gott bevorzuge den anderen und man selbst würde vernachlässigt. Doch Erfolge, welcher Art auch immer, geben nie Auskunft über den Grad der Liebe Gottes.

Klage eines Eifersüchtigen

Herr, ich muß dir etwas gestehen: Ich habe Angst. Ich habe Angst, nicht genügend von meiner Frau geliebt zu werden; sie sagt, ich ginge ihr auf die Nerven mit meiner ständigen Nachlauferei. Ich gebe ja zu, eifersüchtig zu sein. Aber ist das nicht ein Zeichen meiner Liebe zu ihr? Bist du nicht auch ein eifersüchtiger Gott? Habe ich irgendwo mal gehört, Herr. Oder ist das anders zu verstehen?

Ich liebe sie, ihre Augen, ihre Ohrläppchen, ihre Nase, ihre Waden... Sie soll glücklich sein, aber nur mit mir. Neulich beobachtete ich sie, wie sie meinem Freund schöne Augen machte. Das macht sie immer, mit allen. Nur nicht bei mir.

Sie versichert mir tausendmal ihre Liebe, aber ich kann es nicht glauben. Ich mag mich ja selber nicht; wie kann ich dann annehmen, daß sie mich mag? Ich habe sie zum Fressen gern und finde mich zum Kotzen. Mein Gott, wie bekomme ich dieses Eßverhalten in den Griff?

Ich phantasiere sie ständig in die Arme anderer hinein und leide. Als sie gestern abend so lange wegblieb, sah ich sie schon im Bett meines Freundes. Als ich dort anrief, hob niemand ab. Soll man nicht ausflippen, Herr?

Was sagst du? Liebe könne loslassen? Sei nicht besitzergreifend? Ja, du lieber Gott, soll ich sie etwa laufen lassen? Und wo bleibe ich dabei?

Am Sonntag kam eine wunderschöne Lesung im Gottesdienst:

»Ihr Frauen, seid den Männern untertan!« hieß es da. »Siehste«, habe ich zu meiner Frau gesagt, »merk dir das gut.« Darauf schaute sie mich an und meinte, das täte mir so passen.

Herr, kannst du nicht machen, daß ich unwiderstehlich bin? Daß es mir nichts ausmacht, wenn sie anderen schöne Augen macht? Und daß ich mich selber auch leiden mag? Wenn ich ihr weiterhin unterstellen würde, sie liebe mich nicht, dann, so sagte sie, würde sie es sich wirklich überlegen. Ja, was mache ich denn nur falsch? Sie soll doch froh sein, daß sie mich hat. Andere Männer gehen fremd. Sie weiß gar nicht, was sie an mir hat. Das ist es. Sie weiß es nicht.

Vorgestern schaute sie mich so merkwürdig an. »Ich liebe dich«, hauchte sie, und gab mir einen Kuß. Wenn das mal nicht verdächtig ist! Das sind doch Schuldgefühle, oder? Da kann mir doch keiner erzählen, daß das normal ist.

Lieber Gott, ich leide so. Ist es denn nicht mein gutes Recht, von ihr zu verlangen, daß sie mit mir glücklich sein soll? Nur mit mir? Ich bin es doch auch. Manchmal.

Eifersucht

Die Eifersucht als Leidenschaft
weckt trügerische Triebe,
indem sie das, was Leiden schafft,
mit Eifer sucht: Die Liebe,
die dann verloren, wenn sie meint,
daß doch am End' der Konkurrent
viel attraktiver scheint.

Don Camillo spricht mit Jesus

CAMILLO: Herr, kannst du nicht meinen lästigen Husten heilen?

JESUS: Ja, das kann ich, Camillo. Das weißt du doch.

CAMILLO: Danke, Herr.

JESUS: Ich habe nicht gesagt, daß ich es tue, Camillo.

CAMILLO: Aber Herr, ich leide so sehr. Und er ist ansteckend. Du willst doch nicht, daß ich die anderen anstecke?!

JESUS: Warum auf einmal so rücksichtsvoll, Camillo?

CAMILLO: Ach, Herr, es überkommt mich so. Und ehrlich gesagt, der Husten ist eigentlich nicht das Schlimmste, sondern dieser Herr Montari. Er droht mir, meine Hühner zu erschießen.

JESUS: Ist es das, was dich so husten läßt, Don Camillo?

CAMILLO: Herr, er will meinem lieben Federvieh an den Kragen. Er ist nur eifersüchtig, weil seine jämmerlichen Vögel nicht so fröhlich gackern wie meine und ihm dauernd weglaufen.

JESUS: Und du bist rachsüchtig, Camillo.

CAMILLO: Ich? – Nun ja, Herr, so ein klein bißchen Rache kann doch nichts schaden. Er legt meine ganze Pfarrarbeit lahm mit seiner Drohung.

JESUS: Armer Camillo. So eine kleine Drohung legt dich schon lahm. Hast du gar kein Vertrauen zu mir? Ich schlage dir vor, Herrn Montari eines deiner fröhlichen Hühner zu schenken.

CAMILLO: Das ist doch nicht dein Ernst, Herr? Er würde triumphieren.

JESUS: Weißt du das so genau?

CAMILLO: Nein, Herr. – Ich finde, du bist sehr streng mit mir.

JESUS: Wen ich liebe, erziehe ich mit Strenge, Camillo.

CAMILLO: Kannst du mich nicht ein bißchen weniger lieben, Herr?

JESUS: Liebst du deine Hühner mehr als mich?

CAMILLO: Nein, Herr. Dich liebe ich weitaus mehr. Das weißt du. Ich werde Herrn Montari zwei Hühner geben.

JESUS: Bravo, Camillo. Damit machst du ihm eine große Freude.

CAMILLO: Da bin ich mir sicher, Herr.

JESUS: Und mir machst du auch eine große Freude, Camillo.

CAMILLO: Danke, Herr. Das freut mich, daß es dich freut.

EIFERSUCHT hat eine zerstörerische Kraft. Und weil sie uns Angst machen kann, sind wir bestrebt, sie in uns selber zu verdrängen, zu vertuschen, zu maskieren. Vieles, was sich einen sozialen oder umgekehrt einen »gerechten« Anstrich gibt, geschieht aus Eifersucht. Mißgunst und Neid sind ihre Geschwister. In der Bibel ist nicht oft von der Eifersucht die Rede; sie verbirgt sich aber ständig hinter den Angriffen der Schriftgelehrten, die das Wissen und den Einfluß Jesu nicht ertragen können.

Als er heimging und in die Nähe des Hauses kam, hörte er Musik und Tanz. Da rief er einen der Knechte und fragte, was das bedeuten solle. Der Knecht antwortete: Dein Bruder ist gekommen, und dein Vater hat das Mastkalb schlachten lassen, weil er ihn heil und gesund wiederbekommen hat. Da wurde er zornig und wollte nicht hineingehen. Sein Vater aber kam heraus und redete ihm gut zu. Doch er erwiderte dem Vater: So viele Jahre schon diene ich dir, und nie habe ich gegen deinen Willen gehandelt; mir aber hast du nie auch nur einen Ziegenbock geschenkt, damit ich mit meinen Freunden ein Fest feiern konnte. Kaum aber ist der hier gekommen, dein Sohn, der dein Vermögen mit Dirnen durchgebracht hat, da hast du für ihn das Mastkalb geschlachtet. Der Vater antwortete ihm: Mein Kind, du bist immer bei mir, und alles, was mein ist, ist auch dein. Aber jetzt müssen wir uns doch freuen und ein Fest feiern; denn dein Bruder war tot und lebt wieder; er war verloren und ist wiedergefunden worden.

Lk 15,25–32

Da erhoben sich voll Eifersucht der Hohepriester und alle, die auf seiner Seite standen, nämlich die Gruppe der Sadduzäer. Sie ließen die Apostel verhaften und in das öffentliche Gefängnis werfen. Ein Engel des Herrn aber öffnete nachts die Gefängnistore, führte sie heraus und sagte: Geht, tretet im Tempel auf, und verkündet dem Volk alle Worte dieses Lebens! Sie gehorchten und gingen bei Tagesanbruch in den Tempel und lehrten. Apg 5,17–21

Lied des Eifersüchtigen (Müller/Diensberg)

2. Oft glaub' ich nicht geliebt zu sein,
hab' Angst, am End' bin ich allein,
weil ich mich selbst für liebenswert
nicht halte, denk' ich stets verkehrt.

3. Ich habe ihn, ich habe sie
zum Fressen gern, doch da und hie
find' ich zum Kotzen mich gar sehr;
ich frag' mich bloß: wer bin ich, wer?

DER VERLASSENE CHRIST

Daß wir immer auch Phasen der Einsamkeit haben inmitten der Gesellschaft, gehört zu unserem Leben. Menschen, die vom Partner, von ihren Freunden und Verwandten im Stich gelassen werden und in ihrer Verzweiflung aus dem Leben scheiden wollen, gibt es genügend. Vielleicht gehören auch wir zu ihnen. Gott wußte, daß es nicht gut ist, allein zu sein, und stellte dem Adam eine Partnerin zur Seite. Zölibatär lebende Menschen sind in besonderer Weise auf Freundschaften angewiesen, ebenso wie es bei Jesus zu beobachten war, der in Johannes einen Menschen hatte, »den er besonders liebte«.

Eine besondere Bewährungsprobe kann es sein, wenn Christen um ihres Glaubens willen verlassen werden, oder wenn sie aus Treue zu ihrer Kirche und zu ihrem Gewissen Entscheidungen fällen, die ein Alleinsein zur Folge haben.

So sagte mir einmal eine junge Frau, daß sie sich von ihrem Mann, der seit Jahren fremdgeht und mit ihr kein eheliches Leben mehr führt, nicht scheiden lassen wolle. Sie sei bereit, ihre Verlassenheit hinzunehmen im Vertrauen auf Gottes Beistand und auf die Rückkehr ihres Mannes. Eine solche mutige Haltung findet sich nicht häufig.

Es gibt auch das Gefühl, von Gott verlassen zu sein; es handelt sich um die sogenannte geistliche Trockenheit oder Wüste, in der die tröstliche Nähe Gottes nicht zu spüren ist. Die hl. Theresa von Avila litt 20 Jahre lang unter diesem peinigenden Gefühl. Jeder Christ weiß davon zu berichten, daß er hier und da Phasen der Gottesferne hat. Doch Gott ist niemals fern; er entzieht sich nur manchmal unseren geistlichen Augen, vielleicht um unsere Treue zu ihm zu erproben.

Zu überlegen ist auch, inwieweit jemand selber schuld hat an seiner Einsamkeit. Wer die Nächstenliebe vernachlässigt und nur fordert, wer ständig nörgelt und griesgrämig ist, wird ungenießbar. Hier beweist sich, ob praktisches Christsein je vorhanden war. Denn wir sollen so leben, daß andere auf unseren Gott neugierig werden und sich fragend zu uns gesellen. Charme, Aufgeschlossenheit und Humor sind Gaben, die in erfrischender Weise Zeugnis ablegen können von der Liebe Gottes zu uns Menschen. Wer sie lebt, ist kaum verlassen.

Klage eines Verlassenen

O Gott, ich hasse dieses Treiben der schnöden Welt, dieses Jagen nach Glück und Geld. Ich bin nicht gewillt, den Leuten ständig meine kostbare Zeit zu geben und als Depot für ihre lächerlichen Kümmernisse herzuhalten. Sollen sie doch selber zusehen! Früher kamen sie zu mir, riefen an, schrieben Briefe. Aber ich habe sie durchschaut; sie wollten nur mein mühsam erspartes Geld. Nein, Gott, ich lasse mich nicht ausbeuten, verspotten, betrügen.

Gestern habe ich mein Testament geschrieben. Es ist zwar noch recht früh, aber man kann ja nie wissen. Das täte meinen Erbschleichern so gefallen, nach meinem Tod abzusahnen. Die werden sich noch wundern! Soll ich sie noch belohnen dafür, daß sie mich alleinlassen und nur an Weihnachten und an meinem Geburtstag hier aufkreuzen? Die können ihre Bestechungsgeschenke und Alibi-Besuche woanders machen! Denen bin ich doch im Grunde völlig schnuppe. Das hat man nun davon: Ein halbes Leben lang opfert man sich auf, spart sein ganzes Geld für schlechte Zeiten. Und nun? Wie oft habe ich gesagt: Wartet ab, ihr werdet mir nochmal sehr dankbar sein.

Am Dienstag tauchte plötzlich mein Neffe hier auf. Wollte 200,– DM auf Vorschuß. Von wegen. Ich sagte ihm, er solle endlich lernen, hauszuhalten, und nicht so teure Reisen machen. Und was antwortet er? Ich sei ein Geizhals, hätte verschrobene Ansichten und brauchte mich nicht zu wundern, daß keiner von mir was wissen will. – Aber haben wollen sie alles von mir. Muß ich mir sowas bieten lassen? Dieser Taugenichts, dieser elende!

Da denkt man von morgens bis abends nur an das Wohl seiner Familie, und dann kommt so einer daher. Na warte, du wirst dich auch noch wundern. Siehst du, Gott, mir geht es genauso wie dir. Da stehe ich nun, alleingelassen von den Meinen. Du wurdest wegen 30 Silberlingen verraten und verkauft; mich würden sie am liebsten morgen schon im Grab sehen wegen meines mühsam vom Mund abgesparten Geldes.

Jaja, Gott, in dieser Welt haben die Ehrlichen nichts zu suchen. Alle wollen immer nur haben, haben, haben. Und ich spare und spare und denke immer nur an die Zukunft. Man kann ja nie wissen, Gott. Du hast ja selber empfohlen, vorzusorgen; wenn ich mich recht erinnere, ist das die Geschichte von den zehn klugen und den zehn törichten Jungfrauen, nicht wahr?

Also, wenn die glauben, ich sei auf sie angewiesen, irren sie sich. Ich bin auf niemanden angewiesen, auf niemanden. Sollen sie doch bleiben, wo sie sind, nicht wahr, Gott?

DAS SCHLIMMSTE, das uns passieren kann, ist der Verlust von geliebten Menschen. Unzählige Selbstmorde und noch mehr psychosomatische Erkrankungen sind die Folgen einer solchen Verlassenheit. Da kann selbst der humorvolle Mensch zugrundegehen, das heißt der Mensch mit Gottvertrauen und Zuversicht. Selbst Jesus hat das schmerzliche Gefühl der Verlassenheit erleiden müssen. Meine Erfahrungen als Psychotherapeut haben mich gelehrt, daß es praktisch nur eine Therapie für vereinsamte Menschen gibt, nämlich ihnen die Gewißheit zu vermitteln: Du bist immer von Gott getragen, auch wenn du nichts von seiner Gegenwart fühlst. Wer keinerlei menschliche Geborgenheit erfährt, hat die Wahl zwischen Flucht in Drogen und zerstörerischen Ersatzbefriedigungen, oder aber er entwickelt sich zu einem zynischen, verbitterten Menschenhasser. Seine beste Wahl trifft er mit dem beharrlichen Gebet.

Darauf kam Jesus mit den Jüngern zu einem Grundstück, das man Getsemani nennt, und sagte zu ihnen: Setzt euch und wartet hier, während ich dort bete. Und er nahm Petrus und die beiden Söhne des Zebedäus mit sich. Da ergriff ihn Angst und Traurigkeit, und er sagte zu ihnen: Meine Seele ist zu Tode betrübt. Bleibt hier und wacht mit mir! Und er ging ein Stück weiter, warf sich zu Boden und betete: Mein Vater, wenn es möglich ist, gehe dieser Kelch an mir vorüber. Aber nicht wie ich will, sondern wie du willst. Und er ging zu den Jüngern zurück und fand sie schlafend. Da sagte er zu Petrus: Konntet ihr nicht einmal eine Stunde mit mir wachen? Wacht und betet, damit ihr nicht in Versuchung geratet. Der Geist ist willig, aber das Fleisch ist schwach. Dann ging er zum zweitenmal weg und betete: Mein Vater, wenn dieser Kelch an mir nicht vorübergehen kann, ohne daß ich ihn trinke, geschehe dein Wille. Als er zurückkam, fand er sie wieder schlafend, denn die Augen waren ihnen zugefallen. Und er ging wieder von ihnen weg und betete zum drittenmal mit den gleichen Worten. Danach kehrte er zu den Jüngern zurück und sagte zu ihnen: Schlaft ihr immer noch und ruht euch aus? Die Stunde ist gekommen; jetzt wird der Menschensohn den Sündern ausgeliefert. Steht auf, wir wollen gehen! Seht, der Verräter, der mich ausliefert, ist da.

Mt 26,36–46

Darauf sagte Jesus zu den Männern: Wie gegen einen Räuber seid ihr mit Schwertern und Knüppeln ausgezogen, um mich festzunehmen. Tag für Tag saß ich im Tempel und lehrte, und ihr habt mich nicht verhaftet. Das alles aber ist geschehen, damit die Schriften der Propheten in Erfüllung gehen. Da verließen ihn alle Jünger und flohen.

Mt 26,55–56

Von der sechsten bis zur neunten Stunde herrschte eine Finsternis im ganzen Land. Um die neunte Stunde rief Jesus laut: Eli, Eli, lema sabachtani?, das heißt: Mein Gott, mein Gott, warum hast du mich verlassen? Mt 27,45–46

Gerade dann …

Gerade dann, wenn's dunkel ist,
wenn deine Lage hoffnungslos
zu sein scheint, deine Schuld sehr groß
und drückend schwer, sowie dein Leid
fast unermeßlich, und Gott schweigt,
gerade dann ist er dir nah.

Er drängt sich dir nicht spürbar auf
wie einer, der zum Warenkauf
dich überreden will, vielmehr
tritt er auf Zehenspitzen ein,
fast zeichenhaft und nebenbei.

Denn seine Antwort findet sich
in Alltagssätzen, die banal
sind, auch in Worten des Romans
ganz ohne Wert und sicherlich
in Straßenszenen manchesmal.

Das ist der Augenblick, in dem
er plötzlich gegenübertritt
und Antwort gibt zu einer Zeit,
von der es gilt, daß zeitig man
sie aufmerksam erkennen kann.

Dann ist der Satz mit einem Mal
im Alltag nicht mehr so banal,
und auch die Worte des Romans
erhalten Werte mittendrin
und Straßenszenen ihren Sinn.

Gerade dann, wenn's dunkel ist,
und du ganz ohne Hilfe bist,
weil niemand da, ist er dir nah.

EINER FÜR ALLE (Diensberg/Diensberg)

2. Drei Farben* nur hat diese Welt! Und dennoch gibt es soviele Bilder.
3. Ein Mensch genügt, wo Zwietracht ist, mit einem Wort Frieden zu schaffen.
4. Ein Samenkorn, das stirbt im Feld, steht auf vom Tod in einer Ähre!
5. Ein Blick genügt, wo Tränen sind ohne ein Wort, Trost und Mut zu schenken!
6. Ein Funke ist schon genug, in Dunkelheit eine Kerze zu entzünden!
7. Ein Wort ist schon genug Sprachlosigkeit zu überwinden!
8. Ein Mann am Kreuz verlassen stirbt. Wo einer stirbt, werden alle leben!

(* gemeint sind die drei Grundfarben Rot, Gelb und Blau, deren Mischung jeweils die anderen Farben ergibt!)

Don Camillo spricht mit Jesus

CAMILLO: Herr, wie kommt es, daß mich niemand liebt. Alle sind gegen mich. Nicht einer ist da, der zu mir hält...

JESUS: Bist du dir sicher, Camillo?

CAMILLO: Ja, Herr. Ganz sicher!

JESUS: Wirklich?

CAMILLO: Nein, Herr.

JESUS: Du hast *mich* vergessen. *Ich* liebe dich, Camillo.

CAMILLO: Das ist sehr schön, Herr, wirklich sehr schön, aber...

JESUS: ...aber?

CAMILLO: Naja, du weißt, ich brauche auch irdische Freunde. Schließlich hast du ja auch Freunde auf Erden gehabt, wenn ich dich daran erinnern darf.

JESUS: Gewiß, Camillo. Aber im entscheidenden Moment haben sie mich verlassen.

CAMILLO: Das fand ich immer sehr schäbig von ihnen. Ich hätte dich nicht verlassen. Auf meine Freundschaft kannst du immer zählen.

JESUS: Bist du dir da so sicher, Camillo?

CAMILLO: Nein, Herr. Verzeih mir, ich bin ein schwacher Mensch.

JESUS: Gib den Menschen deine Liebe, Camillo. Warte nicht, bis die anderen damit anfangen, sondern fang du an!

CAMILLO: Aber, Herr, das habe ich schon so oft getan!

JESUS: Tu es immer wieder!

CAMILLO: Das ist aber sehr anstrengend.

JESUS: Ja, das ist es.

CAMILLO: Kannst du nicht ein bißchen nachhelfen? Ich meine, daß es schneller geht?

JESUS: Camillo, wer liebt, hat Geduld.

CAMILLO: Ja, Herr. Ich versuche es.

Fußspuren…

Ich träumte eines Nachts, ich ging am Meer entlang mit meinem Herrn. Und es entstand vor meinen Augen, Streiflichtern gleich, mein Leben. Für jeden Abschnitt, wie mir schien, entdeckte ich je ein Paar Schritte in dem Sand, die einen gehörten mir, die anderen meinem Herrn. Als dann das letzte Bild an uns vorbeigeglitten war, sah ich zurück und stellte fest, daß viele Male nur ein Paar Schritte in dem Sand zu sehen waren. Sie zeichneten die Phasen meines Lebens, die mir am schwersten waren. Das machte mich verwirrt, und fragend wandte ich mich an den Herrn: »Als ich dir damals alles, was ich hatte, übergab, um dir zu folgen, da sagtest du: Ich bin immer bei dir! Doch in den tiefsten Nöten meines Lebens sah ich nur ein paar Spuren in dem Sand. Warum verließest du mich gerade dann, als ich dich so verzweifelt brauchte?«

Der Herr nahm meine Hand und sagte: »Geliebtes Kind, nie ließ ich dich allein, schon gar nicht in den Zeiten, da du littest und angefochten warst.

Wo du nur ein Paar Spuren in dem Sand erkennst, da trug ich dich auf meinen Schultern.« (Quelle unbekannt)

Hab' Erbarmen (Müller/Diensberg)

2. Es war da einer, vom Freund verlassen,
beim letzten Abendmahl.
Der sich ganz heimlich, ihn zu verraten,
nachts aus dem Hause stahl.

3. Es war da einer, alleingelassen
bis zum Morgenrot.
Von seinen Freunden, im Ölbergsgarten,
aus Angst vor seinem Tod.

4. Es war da einer, dreimal verleugnet,
beim ersten Hahnenschrei.
Von einem Freunde, mit Namen Petrus,
denn der war auch dabei.

DER ERFOLGREICHE CHRIST

Er gehört zu jenen schillernden Figuren, die Anlaß zur Frage sind, ob ihr Erfolg eine Belohnung Gottes ist. Der Gedanke, ein guter Christ müsse erfolgreich sein im Leben, ist zwar menschlich, aber gefährlich; denn Gott »läßt die Sonne scheinen über Gerechte und Ungerechte«. Und dem, der meint, Gott dürfe die Bösen und Faulen nicht beschenken, antwortet Jesus: »Bist du neidisch, weil ich gut bin?« Alles in allem: Am Erfolg läßt sich nichts messen.

Die Versuchung ist groß, durch Leistung sich Gottes Gnade herabzurufen; Gnade aber bleibt stets unverdientes Geschenk. Das ist ein Trost für diejenigen, die von der Gesellschaft als unproduktiv abgeschoben werden. Gerade ihnen neigt sich Gott zu; denn er schaut ins Herz.

Wer nur im Erfolg schwelgt, kann überheblich werden. Allzurasch kann er vergessen, wem er letztlich sein Glück verdankt. So ist es zwar schmerzlich, doch nützlich, wenn wir von Zeit zu Zeit durch Mißerfolge wieder auf den Teppich kommen. Ich selbst war ein wenig erfolgreicher Schüler. Und als Christ habe ich auch nicht gerade gut abgeschnitten, da mich einige Lehrer und Schüler wegen meiner religiösen Einstellungen oft genug demütigten. Aber diese Zeit der Reifung hat sich hinterher als wertvoll herausgestellt: Sie hat mich mutiger, stabiler und selbstbewußter gemacht.

Manche Christen, die eine Zeitlang auf einer Erfolgswelle schwimmen, sind der Meinung, das könne so kaum weitergehen; Gott würde bestimmt bald irgendein Problem schicken. Hinter dieser magischen Mutmaßung verbirgt sich ein falsches Gottesbild, wahrscheinlich auch Schuldgefühle, die nach einer baldigen Bestrafung verlangen gemäß dem Motto: Schuld zieht sofort Strafe, sprich Mißerfolg, nach sich. Auch diese Rechnung geht nicht auf, selbst wenn es bisweilen so aussehen mag.

Jeder Christ darf um den Segen Gottes bitten und darauf vertrauen, daß seine ehrliche Mühe auch von Erfolg gekrönt wird. Er sollte sich aber davor hüten, gehäufte Mißgeschicke als Strafe Gottes zu deuten; sie könnten durchaus Beweise seiner Liebe sein, in denen er des Menschen Treue und Beharrlichkeit stabilisieren will.

Wer aufgrund eigener Leistung irdische Belohnung erwartet, muß vor Neid erblassen gegenüber dem rechten Schächer, der allein aufgrund seiner Bitte ins Paradies aufgenommen wird. Gott läßt sich nicht bestechen, nicht berechnen.

ERFOLG will jeder haben; das ist normal und gut so. Zu prüfen ist allemal das Motiv, die Mittel und die Folgen. Menschen mit Humor gehen nicht verbissen vor, suchen nicht in erster Linie das damit verbundene Renommee; sie wissen, daß der Erfolg noch lange keine Auskunft gibt über die charakterlichen Qualitäten des Betreffenden. Jesus hatte, menschlich gesehen, kaum Erfolg. Doch die Früchte seiner irdischen Tätigkeit wachsen nach 2000 Jahren immer noch, wenn auch bescheiden. Er fordert uns auf, unsere Fähigkeiten zur Ehre Gottes einzusetzen, und verspricht uns dafür reiche Frucht. Wer hingegen nur an sich selber denkt, wird sein blaues Wunder erleben. Hier dazu drei konträre Erzählungen:

Es ist wie mit einem Mann, der auf Reisen ging: Er rief seine Diener und vertraute ihnen sein Vermögen an. Dem einen gab er fünf Talente Silbergeld, einem anderen zwei, wieder einem anderen eines, jedem nach seinen Fähigkeiten. Dann reiste er ab. Sofort begann der Diener, der fünf Talente erhalten hatte, mit ihnen zu wirtschaften, und er gewann noch fünf dazu. Ebenso gewann der, der zwei erhalten hatte, noch zwei dazu. Der aber, der das eine Talent erhalten hatte, ging und grub ein Loch in die Erde und versteckte das Geld seines Herrn. Nach langer Zeit kehrte der Herr zurück, um von den Dienern Rechenschaft zu verlangen. Da kam der, der die fünf Talente erhalten hatte, brachte fünf weitere und sagte: Herr, fünf Talente hast du mir gegeben; sieh her, ich habe noch fünf dazugewonnen. Sein Herr sagte zu ihm: Sehr gut, du bist ein tüchtiger und treuer Diener. Du bist im Kleinen ein treuer Verwalter gewesen, ich will dir eine große Aufgabe übertragen. Komm, nimm teil an der Freude deines Herrn! Dann kam der Diener, der zwei Talente erhalten hatte, und sagte: Herr, du hast mir zwei Talente gegeben; sieh her, ich habe noch zwei dazugewonnen. Sein Herr sagte zu ihm: Sehr gut, du bist ein tüchtiger und treuer Diener. Du bist im Kleinen ein treuer Verwalter gewesen, ich will dir eine große Aufgabe übertragen. Komm, nimm teil an der Freude deines Herrn!

Mt 25,14–23

Und er erzählte ihnen folgendes Beispiel: Auf den Feldern eines reichen Mannes stand eine gute Ernte. Da überlegte er hin und her: Was soll ich tun? Ich weiß nicht, wo ich meine Ernte unterbringen soll. Schließlich sagte er: So will ich es machen: Ich werde meine Scheunen abreißen und größere bauen; dort werde ich mein ganzes Getreide und meine Vorräte unterbringen. Dann kann ich zu mir selber sagen: Nun hast du einen großen Vorrat, der für viele Jahre reicht. Ruh dich aus, iß und trink, und freu dich des Lebens! Da sprach Gott zu ihm: Du Narr! Noch in dieser Nacht wird man dein Leben von dir zurückfordern. Wem wird dann all das gehören, was du angehäuft hast? So geht es jedem, der nur für sich selbst Schätze sammelt, aber vor Gott nicht reich ist. Lk 12,16–21

Einigen, die von ihrer eigenen Gerechtigkeit überzeugt waren und die anderen verachteten, erzählte Jesus dieses Beispiel: Zwei Männer gingen zum Tempel hinauf, um zu beten; der eine war ein Pharisäer, der andere ein Zöllner. Der Pharisäer stellte sich hin und sprach leise dieses Gebet: Gott, ich danke dir, daß ich nicht wie die anderen Menschen bin, die Räuber, Betrüger, Ehebrecher oder auch wie dieser Zöllner dort. Ich faste zweimal in der Woche und gebe dem Tempel den zehnten Teil meines ganzen Einkommens. Der Zöllner aber blieb ganz hinten stehen und wagte nicht einmal, seine Augen zum Himmel zu erheben, sondern schlug sich an die Brust und betete: Gott, sei mir Sünder gnädig! Ich sage euch: Dieser kehrte als Gerechter nach Hause zurück, der andere nicht. Denn wer sich selbst erhöht, wird erniedrigt, wer sich aber selbst erniedrigt, wird erhöht werden. Lk 18,9–14

Don Camillo spricht mit Jesus

CAMILLO: Herr, ich komme, um dir die Jahresbilanz vorzulegen. Sie ist diesmal nicht schlecht ausgefallen. Es gab 4650 Kommunionen, 2870 Beichten, 14 Trauungen, 11 Taufen, 9 Sterbefälle, und stell dir vor, Herr, zwei reumütige Sünder sind in den Schoß deiner Kirche zurückgekommen.

JESUS: Das freut mich, Camillo. Du hast dir viel Mühe gemacht.

CAMILLO: Aber Herr, das ist doch nicht der Rede wert. Und außerdem habe ich mich bei dir zu bedanken. Ohne dich sähe es schlechter aus.

JESUS: Und nun, Camillo, nenne mir auch die anderen Zahlen, die du mir verschweigen willst.

CAMILLO: Welche Zahlen, Herr? Ach so, die. Naja, da sind dann noch zwei Austritte und fünf ungetaufte Kinder, außerdem vier wilde Ehen. Davon weiß ich. Ich habe schon sehr oft mit den Leuten gesprochen; aber du weißt ja, wie sie reagieren.

JESUS: Ich weiß, Camillo. Aber können Zahlen nicht lügen?

CAMILLO: Gewiß, Herr. Es mag noch viel mehr verirrte Schafe geben, die sich von deiner Kirche entfernt haben.

JESUS: Auch sie sind unsere Brüder und Schwestern. Manche von ihnen sind mir sehr zugetan.

CAMILLO: Aber Herr, warum sind sie dann nicht in der Kirche? Wenn das bekannt wird, laufen dir noch mehr weg.

JESUS: Hast du Angst, Camillo?

CAMILLO: Du hast gut reden, Herr. Wenn niemand mehr kommt, können wir die Kirche schließen. Und ich bin der Meinung, wer dich wirklich liebt, liebt auch deine Kirche.

JESUS: Das stimmt, Camillo. Doch manche Menschen brauchen Zeit, bis die Liebe ihr Herz erreicht hat. Einige sind lau und bequem geworden; andere haben tiefe Verletzungen erlitten und sich zurückgezogen. Bete für sie, Camillo.

CAMILLO: Herr, du weißt, wie sehr ich für diese Menschen bete. Immerhin haben die anderen Pfarreien keine so gut besuchte Messe am Sonntag...

JESUS: ...weil diese Leute zu dir kommen, während deine Pfarrkinder zu den Mitbrüdern gehen.

CAMILLO: Und warum, Herr?

JESUS: Weil der Prophet im eigenen Land nicht viel gilt.

CAMILLO: Und ich dachte immer, sie kämen wegen meiner Predigten.

JESUS: Camillo! Du bist eitel.

CAMILLO: Ist es denn so schlecht, ein bißchen stolz auf seine Erfolge zu sein?

JESUS: Nicht, wenn du *mir* die Ehre gibst, Camillo.

CAMILLO: Natürlich Herr, verzeih. Ich hatte das manchmal vergessen. Ich werde auch gleich morgen eine Andacht zu deiner Ehre halten.

JESUS: Vielen Dank, Camillo. Und vergiß nicht dein Gebet für meine verirrten Schafe!

Auf Zahlen kommt es nicht an

Bisher maß ich den Erfolg von eigenen wie auch fremden Veranstaltungen immer auch an der Höhe der Teilnehmerzahl. Es waren stets drei Dinge, die ich mir von Gott erbat: Beistand des hl. Geistes, möglichst viele Hörer, heilende Konsequenzen für sie. Sichtbar ist lediglich das zweite Anliegen.

So organisierte ich eines Tages eine Aufführung der christlichen Rock-Gruppe EFFATA aus Ravensburg in Weißenturm bei Andernach. Plakate und Presseankündigungen wurden rechtzeitig dem dort zuständigen Referenten zugeschickt. Schon am Nachmittag bauten die Musiker ihre Anlage auf und bereiteten sich im Gebet intensiv auf ihren abendlichen Auftritt vor. Mir fiel auf, daß im ganzen Ort kein Plakat zu sehen war, das auf die Veranstaltung hinwies. Und mir kamen langsam Bedenken, ob dieser Abend überhaupt stattfinden würde.

Der zuständige Referent ließ sich nicht blicken; Telefonanrufe verliefen im Nichts; irgend etwas war da faul. Um 20 Uhr war der Saal immer noch leer. Man entschied sich, zu warten und ein naheliegendes Schülerinnenheim zu informieren. Um 20.30 Uhr saßen dann 12 Schülerinnen in der ersten Reihe, die für sich in Anspruch nehmen durften, daß 6 junge Männer aus Ravensburg zwei Stunden lang für sie spielten und sangen. Dauernd ging es mir durch den Kopf: Weshalb so ein Riesenaufwand für so wenig Leute?

Nach dem Konzert begannen die Musiker mit den Schülerinnen ein Gespräch, das schließlich in einem gemeinsamen Gebet endete. Ich beobachtete vereinzelt Tränen in den Augen der Mädchen, Betroffenheit über den Mut der jungen Männer, von Gott zu reden und Zeugnis abzulegen von seiner Liebe. Mir wurde klar: Hier geschieht mehr als Konzert. Hier geschieht Umkehr. Gott braucht nicht die Masse. Er ruft den Einzelnen.

Weit nach Mitternacht packten wir unsere Sachen ein und fuhren erschöpft, aber beglückt nach Hause.

Später erfuhr ich, daß der Referent das Konzert vergessen hatte und in Urlaub gefahren war.

KARRIERE NACH UNTEN (Diensberg/Diensberg)

2. Du hast Schmerzen auf dich genommen,
   Du wurdest durch Haft und Gericht weggerafft,
   Du hast geschwiegen zu allem.
   Christus, Herr, erbarme Dich!

3. Du hieltst den Rücken hin dem, der Dich schlug,
   Du hast Dein Gesicht nicht verborgen vor Schmähung,
   Du, von den vielen mißhandelt.
   Christus, Herr, erbarme Dich!

5. Du hast verödetes Land neu belebt,
Du bist zum Bund für die Völker geworden,
Du bist Licht für die Menschen.
Christus, Herr, erbarme Dich!

7. Du holst Gefangene aus ihren Kerkern,
Du, der Verschlossenen sagt: »Kommt heraus!«,
Du öffnest den Blinden die Augen.
Christus, Herr, erbarme Dich!

DER BESORGTE CHRIST

Er hat vieles gemeinsam mit dem gestreßten Christen. Mit Sorge ist hier die Übersorge gemeint, das Zuviel an Kümmernis und Angst.

Überbesorgte Christen sind eigentlich ein Widerspruch, da die Lehre Jesu zwar kein sorgenfreies Leben auf Erden verspricht, aber zum Loslassen ängstlicher Vorsorge und Absicherung auffordert. Vielleicht ist deshalb so wenig von der Erlösung der Menschen zu spüren, weil sie immer noch zu sehr auf eigene Kräfte bauen und in Verbissenheit eigene Pläne durchboxen wollen.

Es ist eine Wohltat für Leib und Seele, die Lösung von Konflikten in die Hand Gottes legen zu können und vertrauensvoll abzuwarten, mit wieviel Phantasie und Humor er unser Leben führt. Zuviel Sorge macht krank. Und jeder weiß aus eigener Erfahrung, daß sich die Dinge oft anders entwickeln als befürchtet.

Da wartet eine Mutter auf ihre erwachsenen Kinder, die zur gewohnten Zeit immer noch nicht zurückgekehrt sind. Sie macht sich große Sorgen und malt sich in Gedanken die schlimmsten Situationen aus. Schließlich kommt heraus, daß der Bus Verspätung hat. Erleichtert atmet sie auf. Bis zum nächsten Mal, wo sie wieder wegen einer anderen Ungewöhnlichkeit Herzklopfen und Unruhe verspürt.

Manche Christen sind in Sorge wegen ihrer Sünden und wittern ständig irgendwelche Strafmaßnahmen Gottes. Um ihren bedrohlichen Gott zu besänftigen, stürzen sie sich in alle möglichen Wiedergutmachungen und frommen Leistungen. Doch ständig schweben sie in Angst um ihr Seelenheil. Sie sind nicht in der Lage, ihr Leben mit all den Annehmlichkeiten ohne Schuldgefühl anzunehmen. So kommt es dann, daß manchmal das Leben der wirklichen Sünder attraktiver und froher erscheint als das Leben solcher Christen, die um jeden Preis die Sünde vermeiden wollen, wobei sie in allen weltlichen Vergnügungen bereits das Sündhafte wittern.

Gott liebt mich; er weiß um meine Anliegen und Probleme. Er wird mich nicht hängenlassen. Diese Gewißheit verschafft mir Frieden auch dann, wenn die Situation aussichtslos erscheint.

Klage einer Besorgten

Herr, es gibt soviel zu tun. Man kommt ja kaum noch zur Ruhe. Heute morgen habe ich meinen Mann beim Arbeitsamt angemeldet, damit er endlich wieder eine Stelle findet. Und dann habe ich meine beiden Töchter von der Schule abgeholt.

Als ich dann das Zimmer meines Sohnes aufräumte, entdeckte ich in seiner Schreibtischschublade so ein Comic-Heft. Mein Gott, er wird doch nicht auf die falsche Bahn geraten sein. Er ist in letzter Zeit abends so oft spät nach Hause gekommen. Der Junge wird doch wohl nicht...

Lieber Gott, schon tausendmal habe ich meinem Mann gesagt, er solle sich mehr um den Jungen kümmern, jetzt, wo er doch soviel Zeit hat. Statt dessen gammelt er im Keller in seinem Hobbyraum herum. Muß ich denn alles selber machen?

Jüngst brachte mein Sohn ein Mädchen mit nach Hause; also die gefällt mir gar nicht. Der Junge macht mir echt Sorgen. Was habe ich schon alles für ihn getan! Und der Bengel ist so undankbar. Da steht man den ganzen Tag auf den Beinen, schaut nach dem Rechten und opfert sich auf. Wofür? Ich frage dich: Wofür?

Jetzt will er in den Ferien nach Spanien. Mein Gott, nicht auszudenken, was da alles passieren kann. Man liest ja soviel, nicht? Mein Bruder bot ihm an, mit ihm in den

Schwarzwald zu fahren; aber er will nicht. Stur ist er, eigenwillig.

Wenn er doch nicht immer diesen Dickschädel hätte! Man tut doch alles für ihn. Der Junge wird verwöhnt, das ist es. Wie oft sagte ich zu meinem Mann, er solle mal ein Machtwort sprechen. Aber seitdem er arbeitslos ist, ist der auch nicht mehr wie früher. Hat ihn sein Chef wegen Geschäftsverkleinerung einfach auf die Straße gesetzt! Jetzt habe ich ein großes Kind mehr in der Familie.

Mein Gott, werde ich denn nie fertig? Als ich neulich meinem Sohn sagte, ich wolle doch nur sein Bestes, sagte er doch frech: »Mama, mein Bestes bekommst du nicht, das behalte ich für mich!« Stell dir das einmal vor, lieber Gott.

Der Junge hat zuviel Freiheit, finde ich. Überhaupt ist die Jugend von heute viel zu freizügig. Zu meiner Zeit hätte es sowas nicht gegeben. Lieber Gott, ich mache mir Sorgen um die Zukunft meiner Familie. Jetzt hat die Älteste einen Freund. Also wenn die mit einem Kind kommt, raste ich aus. Das wollte ich dir mal gesagt haben. Ach du lieber Gott, ich habe ja vergessen, dem Jungen die Wäsche rauszulegen, die er morgen anziehen soll.

MENSCHEN, die sich zu sehr um einen andern sorgen und kümmern, haben Sorge und Kummer. Man könnte es das Marta-Syndrom nennen: die völlige Inanspruchnahme aller Kräfte, bis hin zur Erschöpfung. Viele Menschen leiden heute unter der sogenannten Erschöpfungsdepression, die eine Folge des pausenlosen Einsatzes ist. Jesus fordert uns immer wieder auf, unsere Sorgen klein zu halten und unser Vertrauen ganz auf Gott zu setzen. Humor ist, wenn man trotzdem lacht, lautet ein alter Spruch. Dieser Aufruf zur positiven Gesinnung wird deutlich in den beiden folgenden biblischen Geschichten:

Deswegen sage ich euch: Sorgt euch nicht um euer Leben und darum, daß ihr etwas zu essen habt, noch um euren

Leib und darum, daß ihr etwas anzuziehen habt. Ist nicht das Leben wichtiger als die Nahrung und der Leib wichtiger als die Kleidung? Seht euch die Vögel des Himmels an: Sie säen nicht, sie ernten nicht und sammeln keine Vorräte in Scheunen; euer himmlischer Vater ernährt sie. Seid ihr nicht viel mehr wert als sie? Wer von euch kann mit all seiner Sorge sein Leben auch nur um eine kleine Zeitspanne verlängern? Und was sorgt ihr euch um eure Kleidung? Lernt von den Lilien, die auf dem Feld wachsen: Sie arbeiten nicht und spinnen nicht. Doch ich sage euch: Selbst Salomo war in all seiner Pracht nicht gekleidet wie eine von ihnen. Wenn aber Gott schon das Gras so prächtig kleidet, das heute auf dem Feld steht und morgen ins Feuer geworfen wird, wieviel mehr dann euch, ihr Kleingläubigen! Macht euch also keine Sorgen und fragt nicht: Was sollen wir essen? Was sollen wir trinken? Was sollen wir anziehen? Denn um all das geht es den Heiden. Euer himmlischer Vater weiß, daß ihr das alles braucht. Euch aber muß es zuerst um sein Reich und um seine Gerechtigkeit gehen; dann wird euch alles andere dazugegeben.

Sorgt euch also nicht um morgen; denn der morgige Tag wird für sich selbst sorgen. Jeder Tag hat genug eigene Plage.

Mt 6,25–34

Sie zogen zusammen weiter, und er kam in ein Dorf. Eine Frau namens Marta nahm ihn freundlich auf. Sie hatte eine Schwester, die Maria hieß. Maria setzte sich dem Herrn zu Füßen und hörte seinen Worten zu. Marta aber war ganz davon in Anspruch genommen, für ihn zu sorgen. Sie kam zu ihm und sagte: Herr, kümmert es dich nicht, daß meine Schwester die ganze Arbeit mir allein überläßt? Sag ihr doch, sie soll mir helfen! Der Herr antwortete: Marta, Marta, du machst dir viele Sorgen und Mühen. Aber nur eines ist notwendig. Maria hat das Bessere gewählt, das soll ihr nicht genommen werden.

Lk 10,38–42

CAMILLO: Herr, ich mache mir große Sorgen um deine Kirche. Sie ist vom Weg abgekommen, arrangiert sich mit den Mächtigen dieser Welt. Du mußt etwas tun, Herr.

JESUS: Und was soll ich deiner Meinung nach tun, Camillo?

CAMILLO: Schick den Herren der Kurie deinen Geist! Sie brauchen dringend eine Erneuerung ihres Glaubens.

JESUS: Und was ist mit dir, Camillo? Brauchst du keine Erneuerung?

CAMILLO: Doch, Herr. Ich auch. Aber ich sitze nicht an den Hebeln, habe nichts zu sagen. Auf mich hört man nicht.

JESUS: Wenn du wartest, bis etwas geschieht, wird nichts geschehen. Fang bei dir an! Du kannst mit Gebet mehr bewirken als du ahnst.

CAMILLO: Wirklich, Herr? Aber die hohen Herren brauchen eine dreifache Dosis. Sie sind nicht leicht davon zu überzeugen, daß du Wunder wirken kannst. Einer sagte mir neulich, das Schlimmste, was in seinem Bistum passieren könnte, wäre ein Wunder.

JESUS: Du hast aber keine gute Meinung über deine Mitbrüder, Camillo. Sie tragen eine hohe Verantwortung.

CAMILLO: Ich weiß, ich weiß. Hab ich etwa keine? Ich zerbreche mir fast den Kopf darüber, weshalb die Leute heute nicht beichten, aber immer kommunizieren gehen. Sind sie plötzlich alle Engel geworden?

JESUS: Bist du es denn geworden?

CAMILLO: Nein, Herr. Deshalb gehe ich auch jeden Monat beichten.

JESUS: Gut, Camillo. Du sollst wissen, daß ich durch deinen Eifer schon viel bewirken konnte. Ohne deine Gebete stünde es noch schlechter um die Menschen.

CAMILLO: Wirklich, Herr? Ich kann dir so helfen? Das hast du mir ja noch nie gesagt.

JESUS: Du brauchst nur auf mich zu hören. Überlaß mir deine Sorgen und unnützen Grübeleien. Komm jeden Tag zu mir; ich gebe dir Kraft und Geduld.

CAMILLO: Das will ich tun. Herr. Das ist großartig. Das muß ich gleich meinen Leuten sagen.

JESUS: Tu das, Don Camillo!

Neurotisch

Klein Mary war mit ihrer Mutter am Strand.

»Mammi, darf ich im Sand spielen?«

»Nein, Liebling, da machst du dir nur dein hübsches Kleid schmutzig.«

»Darf ich im Wasser waten?«

»Nein, da wirst du bloß naß und erkältest dich.«

»Darf ich mit den anderen Kindern spielen?«

»Nein, da finde ich dich nicht wieder.«

»Mammi, kauf mir ein Eis.«

»Nein, das ist nicht gut für deinen Hals.«

Klein Mary begann zu weinen.

Die Mutter wandte sich zu einer Frau in der Nähe und sagte: »Du lieber Himmel! Haben Sie schon einmal so ein neurotisches Kind gesehen?« (Quelle unbekannt)

Mach dir keine allzugrossen Sorgen

(Müller/Diensberg)

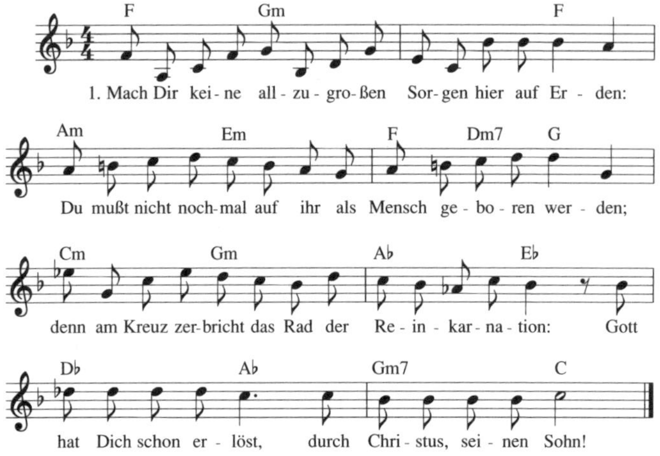

2. Mach Dir keine allzugroßen Sorgen hier auf Erden:
   Du mußt nicht die Sterne fragen, Zeichendeuter werden;
   denn am Kreuz zerbricht das Rad der Glücksastrologie:
   Gott schenkt Dir seine Liebe, vergiß das bitte nie!

3. Mach Dir keine allzugroßen Sorgen hier auf Erden:
   Du mußt weder mächtig sein, noch Millionär hier werden;
   denn am Kreuz zerbricht das Rad vom Tische des Roulette:
   Gott wird dich reich beschenken, da brauchst Du kein »Jet-Set«.

DER ÄNGSTLICHE CHRIST

Angst hat viele Gesichter. Und jeder von uns hat seine individuelle Weise, sie zu verbergen, zum Beispiel hinter einem ständigen Lachen, das an der Oberfläche bleibt; hinter aggressiven Reaktionen, hinter sarkastischen, ironischen Bemerkungen, hinter einer lärmenden Geräuschkulisse, die verhindern soll, daß tiefliegende Verletzungen bewußt werden. Wer immer wieder begonnene Tätigkeiten abbricht, nichts durchzieht, hat wahrscheinlich Angst zu versagen. Ständiges Reden da, wo Schweigen angebracht wäre, kann ebenfalls Ausdruck von Angst und Unsicherheit sein.

Es gibt Christen, die ihre erworbene Angst vor einer Ablehnung Gottes nie überwinden. Sie sind in ihrer Kindheit und Jugend oft mit Liebesentzug bedroht worden; sie mußten sich mit Leistung und Gehorsam die Zuwendung der Eltern verdienen und haben diese Erfahrung auf Gott übertragen. So ist ihnen die Angst, im Fall einer Schuld oder verweigerten Anpassung in ihrem Menschsein abgelehnt zu werden, in ihre Seele eingebrannt worden. Ständig kämpfen sie zwischen Scylla und Charybdis, zwischen Flucht in die Verweigerung oder in die Überanpassung.

Andere haben Angst, ihre Fähigkeiten nicht genügend einsetzen zu können, und bemühen sich erst gar nicht darum. Es könnte ja schiefgehen. Und so verweigern sie die notwendige Leistung, verstecken ihr Talent und wirken vielleicht nach außen hin sogar bescheiden. Manchmal verführt eine unbewußte Versagensangst dazu, stark auftreten zu müssen, um die geahnte Schwachheit nicht deutlich werden zu lassen. Wenn jemand nicht zu seiner Angst oder Schwachheit steht, ist er versucht, sie zu verdecken und den Starken zu mimen; dann entstehen Waghalsigkeit, Arroganz, Überfürsorge...

Angeblich steht es 365 mal in der Bibel: »Fürchtet euch nicht!« Ein befreiender Aufruf, wenn da nicht immer wieder diese schmerzlichen Erfahrungen wären. Wer Angst hat, legt es bisweilen darauf an, anderen Angst zu machen, um so die eigenen Gefühle abzuwehren. Gott macht keine Angst. Es gibt leider Christen, die ihn als Drohmittel mißbrauchen, um ihre Mitmenschen gefügig zu machen: »Es ist ein Aug, das alles sieht, auch was in dunkler Nacht geschieht.« Angesichts solcher Pädagogik verwundert es nicht, wenn ein kleiner Junge betet: »Lieber Gott, ich weiß, daß du streng bist und alles siehst. Bitte schau mal für eine Minute weg; ich verspreche dir auch, nichts Böses zu tun.«

Klage eines Ängstlichen

Herr, es ist ganz schön anstrengend, dauernd seine Gefühle zu verstecken. So wie du mit deinen Gefühlen umgegangen bist, kann ich das nicht: einfach Ängste zugeben oder vor den Leuten weinen. Mir wurde beigebracht, auf die Zähne zu beißen, mich zusammenzureißen.

Ich würde ja ganz gern meine Empfindungen zeigen; aber was denken die anderen dann von mir? Ganz schön blöd stehe ich da. Ich meine, du bist ja Gottes Sohn, das ist etwas anderes. Ich bin nur der Sohn eines Lehrers. Da kann ich nicht einfach so aus meiner Haut, verstehst du?

Dauernd werde ich wegen meiner Hautausschläge gefragt, was das sei, woher das komme. Weiß ich ja selber nicht. Das ist mir so peinlich. Und dann steigt mir auch noch die Röte ins Gesicht. Ich will aber nicht rot werden, Herr. Doch je fester ich es mir vornehme, desto mehr Röte steigt auf. Bitte, lieber Gott, hilf mir, diese blöden Ängste wegzukriegen. Ich verspreche dir auch, immer stark zu sein, mich noch mehr zu beherrschen und mir keine Blöße zu geben, bestimmt.

Als ich mich letzte Woche beim Fußballspiel verletzte, konnte ich nur mit größter Anstrengung die Schmerzen aushalten. Ich habe mir dabei fast auf die Zunge gebissen. Der Arzt sagte, es sei eine Sehnenverletzung, und die brauchte einige Zeit Schonung. Ich will aber nächste Woche wieder spielen; es wäre doch lächerlich, deshalb sich krank schreiben zu lassen. Du siehst, lieber Gott, ich bemühe mich, mein Kreuz tapfer zu tragen. Das bin ich allein schon meinem Verein schuldig.

Ich habe jetzt mit dem Boxunterricht begonnen, wie findest du das? Das härtet ab. Jetzt werden bald meine Freunde Respekt vor mir haben. Und wenn mir dann einer krumm kommt, den mache ich alle.

Mein Vater versprach mir, wenn ich das Examen mit »sehr gut« mache, bekäme ich den Golf GTI. Das wäre spitze. Dann fahre ich mit meinem Freund Jan nach Griechenland. Vielleicht. Jan ist in letzter Zeit so fromm geworden; das gefällt mir gar nicht. Seine ständige Lauferei in die Kirche – das ist doch mehr was für alte Frauen, finde ich. Ich käme mir blöd vor. Was würden die anderen von mir denken?

Meine Freundin will Schluß machen mit mir. Das bedrückt mich, Herr. Wenn ich nur wüßte, was sie gegen mich hat. Ich traue mich nicht, sie zu fragen. Vielleicht wollte sie mehr, als ich ihr geben konnte. Vielleicht bin ich nicht stark genug.

Ich muß jetzt gehen, lieber Gott. Gleich beginnt mein Boxunterricht.

Don Camillo spricht mit Jesus

CAMILLO: Herr, dem habe ich es aber gezeigt. Es war auch höchste Zeit, ihm eins auszuwischen; dieser Signor Combatti muß einmal erfahren, daß er mit mir nicht umspringen kann wie er will.

JESUS: Und hast du sein Vertrauen gewinnen können?

CAMILLO: Du mißverstehst mich, Herr. Er hat mich beleidigt, gedemütigt vor allen Leuten. Sowas kann nicht unwidersprochen bleiben.

JESUS: Er hat Angst, Camillo.

CAMILLO: Angst? Er hat mich, deinen Diener, beleidigt, Herr.

JESUS: Sicher, aber hast du dich einmal gefragt, warum er das tat?

CAMILLO: Das ist nicht schwer zu erraten. Er wollte sich vor den Leuten stark machen und zeigen, daß er vor mir keine Angst hat.

JESUS: Kann es nicht sein, daß du aus dem gleichen Grund ihn vor allen zur Rede gestellt hast? Hast du nicht auch Angst, als schwach und angreifbar dazustehen?

CAMILLO: Meinst du wirklich, Herr? Wenn ich es so recht bedenke, könntest du recht haben. Ich will nicht als Trottel dastehen. Ist es denn nicht mein gutes Recht, mich zu verteidigen?

JESUS: Und welches Recht räumst du Signor Combatti ein?

CAMILLO: Verzeih, Herr, ich habe darüber zu wenig nachgedacht. Ich hätte es wissen sollen.

JESUS: Gut, Camillo. Entschuldige dich bei Signor Combatti!

CAMILLO: Das werde ich tun, wenn er sich auch bei mir entschuldigt.

JESUS: Hast du immer noch Angst, Camillo?

CAMILLO: Angst? Wovor, Herr?

JESUS: Gedemütigt zu werden.

CAMILLO: Ja, Herr. Er hat mir weh getan.

JESUS: Vergib ihm, Camillo. Und vergiß nicht: Wer mir nachfolgen will, muß der Diener aller sein. Willst du das für mich tun?

CAMILLO: Ja, Herr, für dich tue ich alles.

JESUS: Danke, Camillo.

WER ÄNGSTLICH ist, hat einen schweren Stand in der Gesellschaft. Starksein ist gefragt. Und je schwächer einer ist, desto stärker kann er manchmal tun. Angst kann lähmen; sie kann aber auch Energie wecken und zur Flucht nach vorn motivieren. Wir Christen haben keinen Grund zur existentiellen Angst, weil wir wissen, daß Gott uns nie im Stich läßt. In der Praxis ist das leichter gesagt als getan; schließlich hat Jesus vor Todesangst fast Blut geschwitzt. Es gibt eine Form von Angst, die einen Menschen schuldig machen kann, nämlich dann, wenn er sich zur Passivität entschließt, zur völligen Resignation. Hiermit ist nicht Depression gemeint, sondern eine freigewählte Bequemlichkeit aus Angst vor möglichen unangenehmen Konsequenzen, denen ich mich entziehen will. Hier drei Erzählungen von unterschiedlichen Ängsten:

Zuletzt kam auch der Diener, der das eine Talent erhalten hatte, und sagte: Herr, ich wußte, daß du ein strenger Mann bist; du erntest, wo du nicht gesät hast, und sammelst, wo du nicht ausgestreut hast; weil ich Angst hatte, habe ich dein Geld in der Erde versteckt. Hier hast du es wieder. Sein Herr antwortete ihm: Du bist ein schlechter und fauler Diener! Du hast doch gewußt, daß ich ernte, wo ich nicht gesät habe, und sammle, wo ich nicht ausgestreut habe. Hättest du mein Geld wenigstens auf die Bank gebracht, dann hätte ich es bei meiner Rückkehr mit Zinsen zurückerhalten. Darum nehmt ihm das Talent weg und gebt es dem, der die zehn Talente hat! Denn wer hat, dem wird gegeben, und er wird im Überfluß haben; wer aber nicht hat, dem wird auch noch weggenommen, was er hat. Werft den nichtsnutzigen Diener hinaus in die äußerste Finsternis! Dort wird er heulen und mit den Zähnen knirschen. Mt 25,24–30

Gleich darauf forderte Jesus die Jünger auf, ins Boot zu steigen und an das andere Ufer vorauszufahren. Inzwischen wollte er die Leute nach Hause schicken. Nachdem er sie weggeschickt hatte, stieg er auf einen Berg, um in der Einsamkeit zu beten. Spät am Abend war er immer noch allein auf dem Berg. Das Boot aber war schon viele Stadien vom Land entfernt und wurde von den Wellen hin und her geworfen; denn sie hatten Gegenwind. In der vierten Nachtwache kam Jesus zu ihnen; er ging auf dem See. Als ihn die Jünger über den See kommen sahen, erschraken sie, weil sie meinten, es sei ein Gespenst, und sie schrien vor Angst. Doch Jesus begann mit ihnen zu reden und sagte: Habt Vertrauen, ich bin es; fürchtet euch nicht!

Mt 14,22–27

Er stieg in das Boot, und seine Jünger folgten ihm. Plötzlich brach auf dem See ein gewaltiger Sturm los, so daß das Boot von den Wellen überflutet wurde. Jesus aber schlief. Da traten die Jünger zu ihm und weckten ihn; sie riefen: Herr, rette uns, wir gehen zugrunde! Er sagte zu ihnen: Warum habt ihr solche Angst, ihr Kleingläubigen? Dann stand er auf, drohte den Winden und dem See, und es trat völlige Stille ein. Die Leute aber staunten und sagten: Was ist das für ein Mensch, daß ihm sogar die Winde und der See gehorchen?

Mt 8,23–27

Warum Gott meine Bitte nicht erhörte

Es war in Salzburg. Ich eröffnete als frischgebackener Psychotherapeut meine eigene Praxis und hatte plötzlich Angst, es könnten nun Patienten kommen mit Konflikten, denen ich hilflos gegenüberstehen würde. Welche Blamage! In dieser Situation bat ich Gott, mir vorerst einmal keine allzu schwierigen Fälle zu schicken, vor allem keine älteren Patienten mit Depressionen. Das war zu diesem Zeitpunkt für mich ein zu schwieriges Arbeitsfeld.

Doch Gott dachte nicht daran, meine Bitte zu erfüllen; er ließ es durchaus zu, daß gleich am Tag nach der Eröffnung eine Frau kam mit allen nur denkbaren seelischen Problemen, vor allem aber mit einer Depression. Enttäuschung machte sich in mir breit angesichts meines tauben Gottes. Und ich begann mit einer gehörigen Brise Trotz eine über Wochen sich hinziehende Therapie. Nichts tat sich; ich wollte schon aufgeben, da plötzlich zeigten sich erste Anzeichen von Besserung. Ich atmete auf und setzte zuversichtlich meine Therapie fort. Die Heilung schritt weiter voran, und nach insgesamt vier Monaten konnte ich die Patientin entlassen.

Mir wurde nun auch klar, warum Gott genau das tat, was ich nicht wollte. Die positive Erfahrung, die ich hier machen durfte, stärkte mein Selbstvertrauen und gewiß auch mein Gottvertrauen. Und so bedankte ich mich bei ihm, daß er meine Bitte nicht erhört hatte.

Einer, der Angst hat (Müller/Diensberg)

2. Einer, der Angst hat, einsam zu sein,
flüchtet sich gern dorthin, wo Massen sind!
Auch wenn er mit der Menge schwimmt,
bleibt er in Wahrheit doch allein.

3. Einer, der Angst hat, hilflos zu sein,
spielt gern den starken Mann, der alles kann.
Sucht nach der Macht, lügt, wenn er lacht,
und ist in Wahrheit doch ganz schwach.

DER UNGEDULDIGE CHRIST

Er ist zu bedauern, weil ihm selbst die kürzeste Zeit zu lang ist. Er hat manchmal die beneidenswerte Gabe, anstehende Arbeiten sehr rasch (und deshalb noch lange nicht oberflächlich) zu erledigen, gewinnt dadurch Zeit für neue Tätigkeiten und gerät dann wieder in Verlegenheit, sie sinnvoll zeitverkürzend gestalten zu sollen. So entpuppt sich seine Gabe allzuoft als eine Belastung.

In Gottesdiensten gehört der ständige Blick auf die Uhr zu seinem liturgischen Dienst. Er wird unruhig, wenn die Predigt, die Andacht, der Gesang zu langatmig ausfällt. Nichts haßt er so sehr wie Wartenmüssen.

Gerade das aber muß er lernen, auch im Umgang mit seinem Gott, der die Geduld in Person ist. Sich gedulden ist immer auch ein Erdulden.

Wer als Kind in seinen Bedürfnissen stets sofort befriedigt und verwöhnt wurde, tut sich später schwer, Wunscherfüllungen aufzuschieben oder auf liebgewordene Pläne zu verzichten. Der Ungeduldige hat nämlich die Eigenart, Ideen durchzusetzen, wenn sie sich einmal in seinem Kopf festgesetzt haben. Ist er ein tatkräftiger, selbstbewußter Mensch, gelingt ihm dies meistens. So betrachtet, hat die Ungeduld etwas für sich.

Eine große Bewährungsprobe seines Vertrauens muß er bestehen, wenn die Erfüllung seiner Wünsche einzig und allein von Gott abhängt. Und da ihm das meistens zu lange dauert, fängt er an, mit Gott zu verhandeln. Geschieht immer noch nichts, läuft er Gefahr zu resignieren oder er beginnt den schmerzlichen Prozeß, von seinen Ideen Abstand zu gewinnen in der Hoffnung auf Gottes phantasievolle Wege. Denn das weiß der ungeduldige Christ inzwischen längst aus eigener Erfahrung: Gott hat ihm bislang noch keine ehrliche Bitte verwehrt; er hat sie manchmal viel später, aber um so besser erfüllt. Auf dieser Erfahrung vermag der Ungeduldige auszuruhen und heil zu werden.

Kreative Ungeduldige tragen ständig Ideen mit sich, die sie in die Tat umsetzen wollen; nur so verschaffen sie sich Erleichterung und ein Freiwerden für Ruhe. Es kann geschehen, daß sie inmitten des Gebetes, der Meditation auf die besten Gedanken kommen, die sie dann sofort niederschreiben, um dann in Ruhe die Meditation fortzusetzen. Dieses Buch ist größtenteils in Meditationen entstanden; denn beide Autoren zählen sich selbstbewußt zu den kreativen, ungeduldigen Christen.

Es gibt auch Ungeduldige, die in *Ruhe* gelassen werden wollen, damit sie in Ruhe *gelassen* werden.

Klage eines Ungeduldigen

O Gott, ich muß dir etwas sagen. Hast du einen Augenblick Zeit? Du weißt doch, daß ich tagtäglich mit dem Wagen unterwegs bin und das ganze Land durchfahre. Und ich muß dir sagen, der Verkehr wird immer unerträglicher. Diese entsetzlichen Langweiler, die da ständig die Fahrbahn blockieren. Es ist zum Auswuchten!

Gestern wäre es fast zu einem Unfall gekommen. Hast du gesehen, wie dieser Sonntagsfahrer auf kerzengerader Strecke bummelte? Wenn ich nicht rechtzeitig gebremst hätte, wär' ich ihm hinten draufgefahren. Dreimal gab ich Lichtzeichen. Bis der das kapiert hatte! Herrgott! Schließlich habe ich doch das Recht, etwas zügiger voranzukommen. Ich mag diese Schlafmützigkeit nicht. Mir liegt das Forsche mehr. Da kommt man rascher zum Ziel. Ich schalte eben etwas schneller als die anderen. Das hat Vorzüge, Herr. Man sollte die Bremser und Ewiggestrigen gehörig zur Kasse bitten. Die halten den ganzen Verkehr auf und verursachen unbeteiligt die meisten Unfälle.

Siehst du, wenn ich nicht so schnell gefahren wäre, stünde ich jetzt nicht hier vor dir. Da siehst du den realen Wert des Zeitgewinns.

Überhaupt: Nichts geht mir so sehr auf den Wecker wie Wartenmüssen. Den größten Teil meiner Zeit stehlen mir die Ärzte und die Behörden. Ich hasse Wartezimmer. Ich hasse es, wenn man mir die Zeit stiehlt. Am Montag zum Beispiel, da warte ich geschlagene 20 Minuten auf meine Frau. Daß die auch nie einmal pünktlich sein kann! Du hättest das ungebührliche Wartenlassen eines Mitmenschen in die Zehn Gebote aufnehmen sollen, Herr. Was hat mich das schon Zeit und Nerven gekostet! Und was dich betrifft, Herr, du bist sowieso ein Meister der Hinhaltetechnik. Von wegen Gebete erhören. Von wegen »die Stunde ist noch nicht gekommen«. Du läßt einen ganz schön zappeln.

Darf ich dich daran erinnern, daß ich im letzten Jahr immer wieder um unfallfreie Fahrt gebeten habe? Nun ja, das Ergebnis kennst du. Drei Crashs. Und bitteschön – so schnell bin ich nun wirklich nicht gefahren. Da können die Zeugen erzählen, was sie wollen. Das waren alles Radfahrer; die haben ja keine Ahnung vom Autofahren.

Oder meine Tante Frieda. Du kennst sie ja. Dann weißt du auch, welche Qual es ist, ihr zuzuhören. Tante Frieda ist eine echte Bewährungsprobe. Ihr eine Stunde lang zuzuhören, ist einen vollkommenen Ablaß wert.

Also, lieber Gott, ich muß weiter. Du kannst mir ja mal ein bißchen mehr Geduld geben, aber rasch bitte.

Don Camillo spricht mit Jesus

CAMILLO: Herr, das ist zuviel. Ich schaffe das alles nicht. Kannst du mir die Arbeit nicht leichter machen?

JESUS: Es gibt genügend Leute, die dir helfen wollen, Camillo.

CAMILLO: Das mag schon sein, Herr. Aber du weißt auch, der Antonio ist ein Dummkopf; ich meine, er begreift alles zu spät; Frau Scarlatti hat beim letzten Mal alles falsch gemacht: Sie verwechselt ständig die Briefe und die Couverts; und Mario, der alte Mehlsack, verliert dauernd sein Gebiß.

JESUS: Du hast keine Geduld, Camillo.

CAMILLO: Geduld? Herr, was stellst du dir vor? Ich habe noch anderes zu tun. Um 16 Uhr ist eine wichtige Sitzung, und heute abend muß ich zu einer Besprechung wegen des geplanten Kindergartens.

JESUS: Armer Camillo. Du bist wirklich zu bedauern.

CAMILLO: Schön, daß du das einsiehst, Herr. Aber damit komme ich auch nicht weiter.

JESUS: Mußt du denn alles selber machen? Bin ich nicht auch noch da?

CAMILLO: Gewiß, Herr. Nun bin ich aber sehr neugierig, wie du mein Pfarrbüro renovieren willst.

JESUS: Camillo, du brauchst Ruhe, du bist überreizt. Das mit dem Pfarrbüro kann warten. Und Antonio bringt mehr zustande als du glaubst.

CAMILLO: Vielleicht hast du recht, Herr. Natürlich hast du recht. Ich habe zu wenig Geduld.

JESUS: Und zu wenig Vertrauen, Camillo.

CAMILLO: Also gut. Ich werde es noch einmal in Ruhe mit Antonio und Mario versuchen. Die Renovierung hat Zeit.

JESUS: Danke, Camillo. Du wirst es nicht bereuen.

JESUS HATTE sehr viel Geduld. Er sprach immer wieder davon, daß seine Zeit noch nicht gekommen ist, wenn die Jünger ihn zu irgend etwas drängen wollten. Petrus war wohl ein ungeduldiger Mensch, der sofort aus dem Boot stieg, um auf Jesus zuzugehen. Er schlug dem Malchus ein Ohr ab, als Jesus im Ölgarten verraten wurde; er war bereit, sofort mit Jesus den gleichen Leidensweg zu gehen. Eigentlich ein liebenswerter Sponty, der zur Voreiligkeit neigte. Um so sympathischer, daß Jesus gerade ihn zu seinem Nachfolger bestimmt hat.

Danach zog Jesus in Galiläa umher; denn er wollte sich nicht in Judäa aufhalten, weil die Juden darauf aus waren, ihn zu töten. Das Laubhüttenfest der Juden war nahe. Da sagten seine Brüder zu ihm: Geh von hier fort, und zieh nach Judäa, damit auch deine Jünger die Werke sehen, die du vollbringst. Denn niemand wirkt im Verborgenen, wenn er öffentlich bekannt sein möchte. Wenn du dies tust, zeig dich der Welt! Auch seine Brüder glaubten nämlich nicht an ihn. Jesus sagte zu ihnen: Meine Zeit ist noch nicht gekommen, für euch aber ist immer die rechte Zeit. Euch kann die Welt nicht hassen, mich aber haßt sie, weil ich bezeuge, daß ihre Taten böse sind. Geht ihr nur hinauf zum Fest; ich gehe nicht zu diesem Fest hinauf, weil meine Zeit noch nicht erfüllt ist. Das sagte er zu ihnen, und er blieb in Galiläa. Als aber seine Brüder zum Fest hinaufgegangen waren, zog auch er hinauf, jedoch nicht öffentlich, sondern heimlich. Die Juden suchten beim Fest nach ihm und sagten: Wo ist er? Und in der Volksmenge wurde viel über ihn hin und her geredet. Die einen sagten: Er ist ein guter Mensch. Andere sagten: Nein, er führt das Volk in die Irre. Aber niemand redete öffentlich über ihn, denn man fürchtete sich vor den Juden. Joh 7,1–13

Danach offenbarte sich Jesus den Jüngern noch einmal. Es war am See von Tiberias, und er offenbarte sich in folgender Weise. Simon Petrus, Thomas, genannt Didymus (Zwilling), Natanaël aus Kana in Galiläa, die Söhne des Zebedäus und zwei andere von seinen Jüngern waren zusammen. Simon Petrus sagte zu ihnen: Ich gehe fischen. Sie sagten zu ihm: Wir kommen auch mit. Sie gingen hinaus und stiegen in das Boot. Aber in dieser Nacht fingen sie nichts. Als es schon Morgen wurde, stand Jesus am Ufer. Doch die Jünger wußten nicht, daß es Jesus war. Jesus sagte zu ihnen: Meine Kinder, habt ihr nicht etwas zu essen? Sie antworteten ihm: Nein. Er aber sagte zu ihnen: Werft das Netz auf der rechten Seite des Bootes aus, und ihr werdet etwas fangen. Sie warfen das Netz aus und konnten es nicht wieder einholen, so voller Fische war es. Da sagte der Jünger, den Jesus liebte, zu Petrus: Es ist der Herr! Als Simon Petrus hörte, daß es der Herr sei, gürtete er sich das Obergewand um, weil er nackt war, und sprang in den See. Dann kamen die anderen Jünger mit dem Boot – sie waren nämlich nicht weit vom Land entfernt, nur etwa zweihundert Ellen – und zogen das Netz mit den Fischen hinter sich her. Als sie an Land gingen, sahen sie am Boden ein Kohlenfeuer und darauf Fisch und Brot. Jesus sagte zu ihnen: Bringt von den Fischen, die ihr gerade gefangen habt. Da ging Simon Petrus und zog das Netz an Land. Es war mit hundertdreiundfünfzig großen Fischen gefüllt, und obwohl es so viele waren, zerriß das Netz nicht. Jesus sagte zu ihnen: Kommt her und eßt! Keiner von den Jüngern wagte ihn zu fragen: Wer bist du? Denn sie wußten, daß es der Herr war. Jesus trat heran, nahm das Brot und gab es ihnen, ebenso den Fisch. Dies war schon das dritte Mal, daß Jesus sich den Jüngern offenbarte, seit er von den Toten auferstanden war.

Joh 21,1–14

Wie Gott mich um Geduld bat

1976 eröffnete ich in Trier meine psychotherapeutische Praxis und mußte plötzlich durch die Behörde erfahren, daß ich dies nicht dürfe, solange ich keine Heilpraktikerprüfung abgelegt habe. Ich dachte mir: Wieso brauche ich zur Therapie seelischer Störungen die Zulassung als Heilpraktiker? Und ich begann nun einen zähen Kampf mit der

Behörde. Jedenfalls verweigerte ich diese Prüfung und begann guten Mutes zu therapieren, bis eine Anzeige ins Haus flatterte. Ich trat vor meine »Klagemauer« und begann eine heftige Diskussion mit Gott: »Wenn du willst, daß ich den Beruf als Therapeut ausüben soll, dann sieh bitte zu, daß dieser dümmliche Paragraph von 1936 aus der Welt kommt, der da vorschreibt, Therapeuten müßten erst Heilpraktiker sein. Ich bin nicht bereit, so einen Unfug mitzumachen. Ich bitte dich dringend um raschen Bescheid in dieser Sache. Amen.«

Doch Gott schwieg. Er wußte um meine Ungeduld. Immer wieder bestürmte ich ihn und ließ nicht locker. Schließlich schlug ich ihm vor: »Herr, ich bitte dich, mir durch die Bibel jetzt zu sagen, was ich tun soll.« Dann schlug ich die Bibel auf und las dort, wo mein Blick sich aufhielt: »Seid fröhlich in der Hoffnung, geduldig in der Bedrängnis, beharrlich im Gebet!« (Röm 12,12)

Gut, dachte ich, jetzt warte ich erst einmal ab. Und so wartete ich zehn Jahre lang, ohne daß sich die Behörden wieder gemeldet hätten. Dann kam unerwartet ein Bescheid: »Wir erteilen Ihnen hiermit die Erlaubnis zur Ausübung der Heilkunde.«

Nimm dir Zeit und hab' Geduld

(Müller/Diensberg)

2. Überhaupt fällt mir das Warten äußerst schwer; es stiehlt die Zeit,
und ich will sofort losstarten, bin kein Freund der Ewigkeit. *Refr.:* Lieber Bruder…

3. Redet einer ungemessen, viel zu lang, halt ich nicht still, denn sonst könnte ich vergessen, was ich ihm noch sagen will. *Refr.:* Lieber Bruder…

4. Oft bleib' ich mir selber schuldig mehr Gelassenheit, mehr Zeit,
darum üb' ich mich geduldig, denn wer Zeit hat, ist gescheit. *Refr.:* Lieber Bruder…

DER UNZUFRIEDENE CHRIST

Erschreckend viele Christen tragen ihr Kreuz im Gesicht. Man merkt ihnen an, daß sie mit ihrem Leben nicht zufrieden sind. Gewiß kann es Gründe geben, die tiefe Furchen im Gesicht ziehen und die Mundwinkel in die bekannte 20 nach 8 Uhr-Stellung bringen.

Es gibt Typen, die gar nicht mehr anders können, als negativ zu denken und ihr Augenmerk auf das Mangelhafte zu richten. Sie schütteln so lange ihr Haupt über der Suppe, bis sie ein Haar darin finden. Hier wäre einmal die Wurzel solcher Lebensverneinung zu ergründen. Ist es das Gefühl, im Leben bisher zu kurz gekommen zu sein? Sind es gehäufte Enttäuschungen oder das Empfinden der Sinnlosigkeit? Ist es Neid auf die erfolgreichen Mitmenschen? Oder kann es auch die Ahnung sein, aus Bequemlichkeit haarscharf am Leben und seinen Forderungen vorbeizulaufen? Verdrängte Schuldgefühle wecken Unzufriedenheit.

Nicht jede Unzufriedenheit ist destruktiv. Als Christ kann ich mich nicht mit den sozialen Mißständen in der Welt zufriedengeben; ich muß versuchen, gemäß meinen Möglichkeiten die Umstände zu verbessern. Hier ist die Unzufriedenheit sogar Motor für eine not-wendige Korrektur. Jesus gab sich nie zufrieden mit den damaligen Zuständen; dennoch bejahte er das Leben mit seinen Widrigkeiten. Er war kein Meckerer, kein Nörgler und Kritikaster.

Wer nie zufrieden ist, kommt nie zum Frieden. Er wird geradezu nach Gründen suchen, die seine Unzufriedenheit rechtfertigen. Wenn er von Haus aus nie genügend Lob und Anerkennung bekam, wird es ihm schwer fallen, seinerseits Lob und Anerkennung zu geben; denn Menschen sind eher durch Ermutigung und Anerkennung ihrer Gaben zu bessern als durch Tadel ihrer Fehler.

Jeder kann sich von Gott die Gabe des Humors erbitten; sie gewichtet die Probleme anders, sie ist wider alle Logik verrückt genug, nie die Hoffnung auf bessere Zeiten aufzugeben.

Wer es schafft, endlich einmal das Unabänderliche in die Hand Gottes zu legen und sich auf das Positive in seinem Leben zu konzentrieren, atmet erleichtert auf. Er steigt um vom ständigen Bettelgebet zur Danksagung und lenkt so seinen Blick von sich weg auf Gott hin. Das ermöglicht inneren Frieden.

Klage einer Unzufriedenen

Herr, ich muß dir einmal wieder auf die Nerven gehen. Gestern abend sprach der Kaplan über die Notwendigkeit, dir stets dankbar zu sein, komme was wolle. Das ist ja alles gut und schön, aber findest du das nicht ein bißchen übertrieben? Dankbar sein auch im Leid?

Man will ja nicht ständig motzen, aber es gibt Dinge, die mir schon lange auf dem Magen liegen. Meine Schwiegermutter zum Beispiel: Sie lebt mit uns im Haushalt. Ständig ist sie am Meckern. Gründe dazu findet sie immer; sie ist unglaublich herrschsüchtig, stur, mit nichts zufrieden. Und dann schimpft sie dauernd über andere und macht mich vor den Leuten schlecht. Kein gutes Haar läßt sie an mir und an meinem Mann.

Sowas von Rechthaberei habe ich noch nicht erlebt! Das war immer so. Ich kann mich nicht erinnern, jemals etwas Gutes von ihr gehört zu haben. Dann ist ihr die Suppe zu heiß, ein andermal der Kaffee zu stark. Sie ist eine unzufriedene Frau. Ihre Kindheit war wohl genau so katastrophal wie meine es war. Und da soll ich auch noch dankbar sein?

Lieber Gott, ich muß schon mit einem Riesenvergrößerungsglas nach irgend etwas Gutem in meiner Familie suchen. Erst gestern hat mein Mann wieder mal einen über den Durst getrunken, schrie grundlos meine Jüngste an, bloß weil die so lange das Klo besetzte. Daß die aber auch immer eine Ewigkeit draufsitzen muß! Überhaupt braucht sie für alles so lang. Ganz wie meine Schwiegermutter. Am Freitag brachte unsere Nachbarin einen Korb Zwetschgen. Sie hätte heuer so viele, daß sie nicht weiß, wohin damit. Ist ja schön von ihr, aber sonst kann sie eine Kratzbürste sein. Der ist auch nicht zu trauen. Sicher waren die Zwetschgen zweite Wahl.

Jetzt fängt die Älteste an, sich zu schminken und den Jungen nachzulaufen. Daß mir aber auch nichts erspart bleibt! Und da soll ich noch dankbar sein, Herr?

Kein Wunder, wenn ich seit Monaten unter Verstopfung leide, Migräne habe. Mein Psychologe hat gesagt, das käme bei mir alles vom geschluckten Ärger; ich solle mal versuchen, das Positive im Leben zu sehen. Du lieber Gott, wo ist da was Positives? Mein Mann hat's an der Galle, Mutter hat Arteriosklerose, die Älteste hat Pickel, und ich kann kein Auge zumachen. Ich bedank mich schön. Reicht es nicht, daß ich meine Migräne kriege? Es vergeht kein Tag, an dem bei uns nicht herumgemotzt wird. Das hab ich dem Kaplan gesagt. Und was antwortet der? Ich solle die Ursachen suchen, Vorbild sein, Geduld haben und und und. Der hat ja keine Ahnung. Da merkt man doch gleich, daß der nicht verheiratet ist! Ich hätte nicht heiraten sollen. Das ist es. Heutzutage ist ja sowieso jeder dritte Single. Also, Herr, das wollte ich dir mal gesagt haben. Ich möchte ja nicht undankbar sein, aber an mir kann's ja wohl nicht liegen! Oder?

DIE UNZUFRIEDENHEIT ist im Leben des Volkes Israel, in den Auftritten der Pharisäer und manchmal auch bei den Anhängern Jesu immer wieder zu spüren. Sie hat aber verschiedene Wurzeln: Israel lehnt sich gegen das römische Joch auf und sehnt sich nach einem politischen Befreier, den die Israeliten in Jesus suchen. Eine große Gruppe von Pharisäern prangert ständig die Verbotsübertretungen Jesu an, so die Verletzung des Sabbat- und des kultischen Reinheitsgebotes. Und die Apostel geben sich nicht zufrieden mit dem Leidensweg Jesu und seinem Scheitern. Solange die Unzufriedenheit Motor ist, Unrecht mit fairen Mitteln zu beseitigen, steht Gott dahinter. Viele neigen aber zu Gewalt, zu Übertreibungen und zu einem ständigen Herummäkeln an ihren Mitmenschen. Dies kann mitunter eine Projektion sein: Wer meckert, wehrt eigene Mängel von sich ab, sucht einen Sündenbock, dem er all das anhängen kann, was bei ihm selber im argen liegt.

Richtet nicht, damit ihr nicht gerichtet werdet! Denn wie ihr richtet, so werdet ihr gerichtet werden, und nach dem Maß, mit dem ihr meßt und zuteilt, wird euch zugeteilt werden. Warum siehst du den Splitter im Auge deines Bruders, aber den Balken in deinem Auge bemerkst du nicht? Wie kannst du zu deinem Bruder sagen: Laß mich den Splitter aus deinem Auge herausziehen! – und dabei steckt in deinem Auge ein Balken? Du Heuchler! Zieh zuerst den Balken aus deinem Auge, dann kannst du versuchen, den Splitter aus dem Auge deines Bruders herauszuziehen.

Mt 7,1–5

Mose ließ Israel vom Schilfmeer aufbrechen, und sie zogen zur Wüste Schur weiter. Drei Tage waren sie in der Wüste unterwegs und fanden kein Wasser. Als sie nach Mara kamen, konnten sie das Wasser von Mara nicht trinken, weil es bitter war. Deshalb nannte man es Mara (Bitterbrunn). Da murrte das Volk gegen Mose und sagte: Was sollen wir trinken? Er schrie zum Herrn, und der Herr zeigte ihm ein Stück Holz. Als er es ins Wasser warf, wurde das Wasser süß.

Dort gab Gott dem Volk Gesetz und Rechtsentscheidungen, und dort stellte er es auf die Probe. Er sagte: Wenn du auf die Stimme des Herrn, deines Gottes, hörst und tust, was in seinen Augen gut ist, wenn du seinen Geboten gehorchst und auf alle seine Gesetze achtest, werde ich dir keine der Krankheiten schicken, die ich den Ägyptern geschickt habe. Denn ich bin der Herr, dein Arzt.

Ex 15,22–26

Wie Gott durch das Fernsehen zu mir sprach

Nach der mühsamen und wenig erfolgreichen Therapie einer Magersucht bei einem 17jährigen Mädchen war mir am Abend des letzten Therapietages elend zumute. Unzufriedenheit mischte sich hinein, Unzufriedenheit über meine eigene Situation, über meine Grenzen und Schatten, über meine Mängel. Schließlich gipfelte das Ganze in einem lächerlichen Selbstmitleid, das ich aber nicht sofort durchschaute. In dieser Verfassung klagte ich Gott an: »Wenn du schon willst, daß ich mich mit den Problemen anderer befassen soll, dann verschaffe mir wenigstens Erfolgserlebnisse. Und außerdem bin ich selber nicht in bester Stimmung. Ich fühle mich von dir überfordert, ja ungerecht behandelt...« Während ich mich also wehklagend selber bedauerte, verspürte ich deutlich den Impuls, den Fernseher einzuschalten. Zunächst deutete ich diesen Impuls als eine normale Ablenkung vom Gebet, als Fluchtversuch. Doch der Gedanke blieb beharrlich, bis ich nachgab und den Fernseher einschaltete. Auf dem Bild erschien Karlheinz Böhm mit einem halbverhungerten äthiopischen Kind auf den Armen. Ich hörte gerade noch den Satz: »... wenn wir die Not und das unvorstellbare Elend hier sehen, können wir nicht untätig bleiben. Dann werden unsere Sorgen zu lächerlichen Lappalien. Es wird Zeit, umzudenken.«

Mit einem Schlag wurde mir klar, daß dies die Antwort Gottes auf mein Jammern war. Es ging mir augenblicklich besser.

MUTMACHLIED (Diensberg/Diensberg)

2. Und wenn Du merkst, daß die Gefühle kranken,
und die Gedanken zwischen Wut und Ohnmacht wanken,
dann bleib' nicht länger sitzen und geh' aus Dir heraus!
Und wage einen Schritt in Richtung Deines Traums!

3. Wenn Du Dich fühlst wie unters Rad gekommen,
weil Druck und Zwänge Deine Freiheit (Jugend)
Dir genommen,
dann bleib' nicht länger sitzen und geh' aus Dir heraus!
Und wage einen Schritt in Richtung Deines Traums!

5. Nur keine Angst, Du könntest was verlieren,
nur der verliert, der Angst hat vorm Blamieren,
drum bleib' nicht länger sitzen...

6. Und hast Du auch mal übers Ziel geschossen,
versuch's nochmal und sei nicht gleich verdrossen,
doch bleib' nicht wieder sitzen...

DER SCHULDIGGEWORDENE CHRIST

Niemand ist ohne Schuld. Es muß aber unterschieden werden zwischen Schuld und Fehler; im allgemeinen ist der Fehler keine Sünde, sondern Ausdruck menschlicher Unzulänglichkeit: ein Mißverständnis, ein Irrtum, eine Vergeßlichkeit, eine voreilige Handlung, eine unkluge Entscheidung. Schuld ist mehr: Sie ist Verletzung der Liebe. Sie zieht ein deutliches Schuldgefühl nach sich. Es gibt Christen, die sich aber auch dann schuldig fühlen, wenn sie einen Fehler gemacht haben; sie wissen nicht zu unterscheiden zwischen Schuldtat und Schuldgefühl.

Wer inkonsequent erzogen wurde, wer sich nie ungestraft einüben konnte in den Prozeß der Abnabelung und ständig gehorchen mußte, verliert den Wertmaßstab und neigt zum steten Jasagen.

Und wer sich dauernd schuldig fühlt, neigt dazu, sich unbewußt dafür zu bestrafen. Schließlich kommt er zu dem Schluß, dies sei Gottes Wille. So arrangiert er unterbewußt Mißerfolge und Unglück; es ist, als ob er geradezu das Pech heraufbeschwört. Und so verschafft er sich das Gefühl der Lebensberechtigung: Ich habe als Sünder keinerlei Gnade verdient, darf aber infolge meiner Pechsträhne mit Erbarmen rechnen.

So tut die Schuld leid, indem sie einem Leid antut. Doch Gott verzeiht. »Heute noch bist du mit mir im Paradies« ist eine jener umwerfenden frohen Botschaften, die Jesus geäußert hat. Menschen, die bedingungslos lieben, können gar nicht anders als bedingungslos vergeben. Deshalb darf die Schuld nie Anlaß sein zu einer Lebensverneinung oder Selbstbestrafung.

Wer sich als Sünder fühlt, weil er es tatsächlich ist, darf mit der Barmherzigkeit Gottes rechnen, die ja besonders den Sündern zugesagt ist. Der Pfarrer von Ars sagte einmal: »Leichter ist es, in den Himmel zu kommen als in die Hölle, so groß ist die Barmherzigkeit Gottes.« Dieser Satz sei jedem Christen ins Herz geschrieben. Es ist nicht der Wille Gottes, daß wir endlos Buße tun in manchmal fragwürdigen Formen, um uns seine Liebe zurückzuerobern.

Humorvolle Menschen übersehen die Schwachheit des Nächsten, weil sie um ihre eigene gut genug wissen. Was dem anderen heute passiert, kann mir vielleicht morgen schon zustoßen. Deshalb zeigt der Christ Mitleid, Verständnis und schenkt Vergebung. Und wenn schon wir, die wir schwach sind, Gutes tun, um wieviel mehr wird es der himmlische Vater, der gut ist, tun.

Klage eines Versagers

Herr, ich bin ein Versager; ich bringe nichts zustande außer Kurzschlüssen, Verspätungen, Peinlichkeiten, Defiziten und Fehlkalkulationen. Kann ich etwas dafür? Bin ich nicht so erzogen worden? Nie hat man mir etwas zugetraut, nie! »Laß das, das kannst du nicht!« wurde mir oft gesagt. Jetzt kann ich es nicht. Ich hasse mich selber. Ich hätte aufmucken sollen, damals. Aber konnte ich das ahnen? Jetzt habe ich mich damit fast schon abgefunden; ist wahrscheinlich mein Kreuz. Oder?

Wenn ich es mir genau überlege, ist das gar nicht einmal so schlecht. Dann habe ich meine Ruhe; niemand belästigt mich mit langweiligen oder schwierigen Aufträgen; ich brauche mich nicht anzustrengen, es würde ja ohnehin schiefgehen. Also so betrachtet, hat das Versagen etwas für sich. Ich meine, du hast ja auch letztlich versagt, Jesus. War alles umsonst, rein menschlich, meine ich.

Ich fange erst gar nicht an, mich besonders anzustrengen; es geht ja sowieso immer daneben. Ich habe zwei linke Hände. Ein Freund von mir sagte, aus Angst, etwas falsch zu machen, würde ich es falsch machen. Da ist sicher was dran, Jesus. Kann ich etwas dafür, Angst zu haben, wo man mir immer Angst gemacht hat? Der Pfarrer meinte, das hätte etwas mit Schuldgefühlen zu tun, wer sich schuldig fühlt, bestraft sich selber, indem er unbewußt Fehler macht oder sich nichts gönnt.

Ich bestrafe mich also selber. Wofür denn? Bin ich ein Mörder? Ein Dieb? Oder kann es sein, daß ich mir den Erfolg nicht gönne, weil ich mich nicht mag? Meine Tante Lisa haßt sich auch, sagt sie; jetzt hat sie einen Autounfall gebaut. Sie sagt aber, der andere sei daran schuld.

Also ich kenne mich da zu wenig aus; vielleicht stimmt das mit der Selbstbestrafung. Aber wie kann ich lernen, mich zu mögen? Ich bin doch schließlich nicht schlechter als die anderen.

Was hast du gesagt? Meine Gaben erkennen? Hab ich denn welche? Wenn ich das zu Hause erzähle, lachen die mich aus. Das einzige, was ich kann, ist Fußballspielen. Ich habe noch einen Fotoapparat irgendwo, aber das interessiert mich nicht. Ich wollte früher mal kochen lernen; aber meine Eltern sagten, das sei etwas für Mädchen. Na, und jetzt mag ich nicht mehr. Ich bin und bleibe ein Versager, Jesus. Das ist meine Schicksalsbestimmung, sagte neulich mein Onkel. Er sagte auch, das sei die Folge einer Sünde im früheren Leben. So ein Quatsch! Das müßte ich ja wissen, nicht wahr? Also ich blick da nicht durch.

Don Camillo spricht mit Jesus

CAMILLO: Herr, ich bin ein Versager. In letzter Zeit geht alles schief. Ich bin ein schwacher Mensch; nichts will gelingen.

JESUS: Ich weiß, Camillo. Aber auch in deiner Schwachheit bin ich immer bei dir.

CAMILLO: Kannst du mir nicht ein bißchen auf die Sprünge helfen?

JESUS: Willst du mehr Erfolg haben, Camillo?

CAMILLO: So ist es, Herr. Ich brauche Erfolge, damit die Leute sehen, daß wir beide zusammenarbeiten. Warum sollte es immer den anderen gutgehen?

JESUS: Bist du neidisch, Camillo?

CAMILLO: Aber Herr! Was mache ich für einen schlechten Eindruck, wenn ich ständig versage? Du glaubst ja gar nicht, was so ein bißchen Erfolg bei den Leuten ausmacht!

JESUS: Don Camillo, könnte es sein, daß du eitel bist?

CAMILLO: Verzeih mir, Herr. Da siehst du wieder einmal, was für ein Sünder ich bin!

JESUS: Hab Vertrauen! Alles hat seine Zeit. Auch mit Mißerfolgen kann ich umgehen; mir genügt dein Bemühen, Camillo.

CAMILLO: Wirklich, Herr? Du bist großartig. Ich liebe dich.

JESUS: Es freut mich, daß du das sagst.

CAMILLO: Aber Herr, das ist doch selbstverständlich, bei deinem Charme.

JESUS: Camillo, würdest du mich auch lieben, wenn es dir schlecht ginge?

CAMILLO: Noch schlechter, Herr?

JESUS: Aber Camillo. So schlecht geht es dir doch gar nicht. Du darfst dich nicht zu wichtig nehmen.

CAMILLO: Du hast recht, Herr. Ich bin eben doch ein Versager. Verzeih mir.

JESUS: Natürlich verzeihe ich dir; das weißt du doch, Camillo. Gib mir dein Vertrauen, und ich gebe dir alles andere.

CAMILLO: Danke, Herr. Du bist zu gut.

ES GIBT MENSCHEN, die in Depressionen fallen, wenn sie einen Fehler gemacht haben oder in irgendeiner Form versagten. Sie sind nicht imstande, sich selbst vergeben zu können aufgrund der Gewißheit, daß Gott ihnen genügend Gnade und Vergebung schenkt. Der Humor ist hier eine große Hilfe, sich selbst nicht zu wichtig zu nehmen und ständig zurückzublicken wie weiland Lots Weib, das zur Salzsäule erstarrte. Wer sich liebt, kann Schuld zugeben. Niemand ist frei von Schuld. Doch die Liebe Gottes, die gerade dem Sünder gilt, ist Grund genug, von einer »seligen Schuld« sprechen zu können, wie es im Gesang der Osternacht heißt.

Weiter sagte Jesus: Ein Mann hatte zwei Söhne. Der jüngere von ihnen sagte zu seinem Vater: Vater, gib mir das Erbteil, das mir zusteht. Da teilte der Vater das Vermögen auf. Nach wenigen Tagen packte der jüngere Sohn alles zusammen und zog in ein fernes Land. Dort führte er ein zügelloses Leben und verschleuderte sein Vermögen. Als er alles durchgebracht hatte, kam eine große Hungersnot über das Land, und es ging ihm sehr schlecht. Da ging er zu einem Bürger des Landes und drängte sich ihm auf; der schickte ihn aufs Feld zum Schweinehüten. Er hätte gern seinen Hunger mit den Futterschoten gestillt, die die Schweine fraßen; aber niemand gab ihm davon. Da ging er in sich und sagte: Wie viele Tagelöhner meines Vaters haben mehr als genug zu essen, und ich komme hier vor Hunger um. Ich will aufbrechen und zu meinem Vater gehen und zu ihm sagen: Vater, ich habe mich gegen den Himmel und gegen dich versündigt. Ich bin nicht mehr wert, dein Sohn zu sein; mach mich zu einem deiner Tagelöhner. Dann brach er auf und ging zu seinem Vater. Der Vater sah ihn schon von weitem kommen, und er hatte Mitleid mit ihm. Er lief dem Sohn entgegen, fiel ihm um den Hals und küßte ihn. Da sagte der Sohn: Vater, ich habe mich gegen den Himmel und gegen dich versündigt; ich bin nicht mehr wert, dein Sohn zu sein. Der Vater aber sagte zu seinen Knechten: Holt schnell das beste Gewand, und zieht es ihm an, steckt ihm einen Ring an die Hand, und zieht ihm Schuhe an. Bringt das Mastkalb her, und schlachtet es; wir wollen essen und fröhlich sein. Denn mein Sohn war tot und lebt wieder; er war verloren und ist wiedergefunden worden. Und sie begannen, ein fröhliches Fest zu feiern.

Lk 15,11–24

Petrus aber saß draußen im Hof. Da trat eine Magd zu ihm und sagte: Auch du warst mit diesem Jesus aus Galiläa zusammen. Doch er leugnete es vor allen Leuten und sagte: Ich weiß nicht, wovon du redest. Und als er zum Tor hinausgehen wollte, sah ihn eine andere Magd und sagte zu denen, die dort standen: Der war mit Jesus aus Nazaret zusammen. Wieder leugnete er und schwor: Ich kenne den Menschen nicht. Kurz darauf kamen die Leute, die dort standen, zu Petrus und sagten: Wirklich, auch du gehörst zu ihnen, deine Mundart verrät dich. Da fing er an, sich zu verfluchen und schwor: Ich kenne den Menschen nicht. Gleich darauf krähte ein Hahn, und Petrus erinnerte sich an das, was Jesus gesagt hatte: Ehe der Hahn kräht, wirst du mich dreimal verleugnen. Und er ging hinaus und weinte bitterlich.

Mt 26,69–75

Das Gesetz

Als Ladendieb kam er hinein ins Gefängnis.
Und mit dem Gefängnis
begann sein Verhängnis.

Denn nach der Entlassung war seine Verfassung
nach wie vor mies:
Er hatte kein Kies.

So plante er denn, auf 'ner Bank sich die Kohlen
mittels Pistolen
selber zu holen.

Sein Zellengenosse hat ihm die Sache,
wie man das mache mit dem Geschosse,
damals erklärt. Es hat sich bewährt.

Nun sitzt er wieder. Ohne Bewährung.
Anklage: Mord.
Schöne Bescherung!

Als Ladendieb kam er hinein ins Gefängnis.
Und mit dem Gefängnis
begann sein Verhängnis.

Wie Gott mir eine zweite Chance gab

Eines Abends gegen 9 Uhr stand plötzlich eine junge Dame vor meiner Tür und bat um ein Gespräch. Sie kam von Köln und hoffte auf eine erste Therapiesitzung an diesem Abend. Ich war alles andere als glücklich darüber, da ich an diesem Tag pausenlos Einsatz hatte und noch nichts im Magen. So gab ich ihr zu verstehen, daß ich jetzt nicht imstande sei, mich ihr zu widmen, und bat sie, anderntags wiederzukommen, zumal sie nicht angemeldet sei. Trotz ihres beharrlichen Bittens blieb ich hart und entließ sie, ohne überhaupt nach ihrer Adresse gefragt zu haben.

Kaum war sie gegangen, überfielen mich heftige Schuldgefühle und Trauer. Wie konnte ich nur so lieblos und stur handeln? Wer weiß, wie groß ihre Not ist, und jetzt diese Enttäuschung. Das Abendessen fiel aus; ich ging erst einmal vor meine »Klagemauer« und bat Gott inständig um Vergebung. Dann sagte ich: »Herr, schicke sie noch einmal zu mir. Noch heute abend. Ich gehe nicht eher schlafen, bis sie hier war.«

So wartete ich; doch nichts geschah. Es wurde 11 Uhr, es wurde Mitternacht. Enttäuscht ging ich zu Bett. Kurz darauf läutete es an der Tür. Mit dem Morgenmantel bekleidet, öffne ich, und vor mir steht sie, die junge Frau. Lieber Gott, denke ich in diesem Moment, du hast Humor. Erst werfe ich sie raus, dann wirft sie mich raus. Ich bat sie herein. Das Gespräch war um 3 Uhr nachts zu Ende. Ich dankte Gott für diese zweite Chance, denn sie spielte mit Selbstmordgedanken. So gelang es mir noch, sie zu beruhigen und eine mehrtägige Therapie mit Erfolg durchzuführen.

HERR, ES IST ZEIT (Müller/Diensberg)

2. Herr, es ist Zeit, daran stets zu denken,
daß es keiner schafft
aus eigner Kraft,
drum willst du uns Deine Gnade schenken.
Herr, es ist Zeit, daran stets zu denken.

3. Herr, es ist Zeit, denen Trost zu geben,
die nichts mehr wagen,
weil sie versagen,
weil sie verzweifeln an ihrem Leben.
Herr, es ist Zeit, denen Trost zu geben.

4. Herr, es ist Zeit, es immer zu wagen,
auf Dich zu schauen,
Dir zu vertrauen,
auch in den wenig erfolgreichen Tagen.
Herr, es ist Zeit, es immer zu wagen.

DER KRANKE CHRIST

Im Unterschied zu einem ungläubigen Kranken weiß sich der gläubige Kranke von Gott getragen unabhängig davon, ob ihm der Sinn seines Leids aufleuchtet. Während ein Agnostiker sein Leid allenfalls in fatalistischer Lebenshaltung passiv hinnehmen kann, versucht der Christ, irgendeine Bedeutung für sein Leben herauszufinden; denn die Krankheit hat zunächst einmal den Sinn, den er ihr gibt.

Jeder ist sicher schon einmal einem Kranken begegnet, der trotz Leid und Behinderung Freude ausstrahlt. Ist man gekommen, um ihn vielleicht in seinem Leid zu trösten, so kann es sein, daß man nun selber getröstet nach Hause geht und sich fragt, wie macht er das? Ich kenne solche Patienten, die mit ihrem Gottvertrauen anstecken, die genau spüren, wie sehr sie Gottes Werkzeug und Mitarbeiter im Reich Gottes sind.

Etwas anderes ist es, wenn jemand aufgrund falscher Lebensweise seine Erkrankung selber verschuldet hat. Dann läßt Gott dieses Leid zu, um ihn zur Besinnung zu rufen. Ich glaube nicht, daß Gott eine Bestrafung will, eher Einsicht und Umkehr. Aus diesem Grund läßt er manches Unheil zu. Es ist letztlich nicht möglich, den Plan Gottes zu durchschauen. Das lehrt uns die Geschichte von Hiob, der auf die Frage nach dem Sinn keine Antwort erhält.

Wenn mancher freiwillig aus dem Leben scheidet, so nicht unbedingt wegen seiner Krankheit, sondern wegen der Reaktion seiner Umwelt: Sein Leid wird dadurch verstärkt, daß er spürt, wie die Freunde und Verwandten ihn bedauern oder sich seinetwegen so viel Mühe machen. Die bittere Erfahrung, zur Last zu fallen, ist weit mehr Grund zum Selbstmord als die Krankheit selber.

Der Gesunde kann nicht viel tun. Die Art und Weise, wie ich einem Kranken begegne, kann ihm helfen, sein Schicksal mehr oder weniger zu ertragen, umzudeuten, stundenweise zu vergessen. Aber auch wir Gesunde brauchen den Kranken; denn dieser weist uns in seinem Leid in die Schranken, fordert unsere Solidarität.

Kranke Christen sollen den Arzt nicht verachten in der irrigen Annahme, ihn nicht in Anspruch nehmen zu sollen, da sie ja Jesus haben. Diese manchmal vorzufindende Haltung ist fundamentalistisch und widerspricht biblischen Aussagen; sogar ein ungläubiger Arzt kann Werkzeug Gottes sein.

Klage eines Rauchers

O Herr, was haben die Leute eigentlich gegen uns Raucher? Als wenn wir die Wurzel allen Übels wären! Und schließlich ist es doch egal, woran man stirbt. Oder? Mein Großvater selig wurde 92 Jahre alt und rauchte wie eine Lok. So alt will ich ja sowieso nicht werden.

Gestern sagte mir mein Arzt, ich solle endlich aufhören zu rauchen. Bei Gott, was sind 20 Zigaretten am Tag? Andere rauchen 40 und überhaupt: Wer sagt denn, daß Krebs vom Rauchen käme? Jetzt fängt der Pfarrer auch schon an: Du sollst nicht töten, hat er am Sonntag gewettert und spricht vom Rauchen. Als ob ich mich töten wollte!

Der Junge von Meiers ist Nichtraucher und hat einen Autounfall gebaut. Schädelbasisbruch. Selber schuld. Kann er nicht aufpassen und langsamer fahren? Siehst du, Herr, so jung und schon kaputt. Was hat ihm sein Nichtrauchen genutzt?

Der Arzt meinte, ich sei zu dick und hätte überhöhten Blutzucker. Vom Rauchen kommt das nicht. Im Gegenteil: Nikotin macht schlank. Wenn ich schon kalorienarm leben muß, will ich wenigstens meine Zigaretten haben.

Was habe ich denn sonst vom Leben? Meine Frau wirft mir vor, ich würde mit meiner Husterei noch die Lunge kaputtmachen. Sicher, manchmal spüre ich Stiche in der Brust und kriege keine Luft. Vor allem beim Treppensteigen. Aber man ist ja nicht mehr der Jüngste.

Angenommen, ich verzichte auf das Rauchen, was ist dann? Dann kriege ich irgendwann einmal einen Schlaganfall oder sonstwas oder werde vom Auto überfahren. Was habe ich dann vom Leben gehabt? Ohne Zigaretten. Dann rauche ich doch lieber meine 20 Stück und hab was vom Leben.

Sicher, zugegeben: billiger wäre es. Aber dann gäbe ich das Geld für andere Dinge aus. Du siehst, Herr, man kann die Dinge sehen wie man will. Meine Frau meinte, meine Bronchitis sei deine Strafe für den Mißbrauch meiner Gesundheit. Stimmt das, Herr? Bist du wirklich so streng? Ich bitte dich, ein schlechter Christ bin ich nicht. Ich gehe jeden Sonntag in die Kirche, halte meine Osterbeichte und bin noch nie fremdgegangen. Also, was willst du? Kann ich denn da nicht mit ein bißchen Entgegenkommen rechnen? Ich habe noch keinem ein Leid zugefügt, Herr. Schließlich ist es ja meine Sache, wenn ich mir eine reinziehe, oder?

Meine Frau steht auf Sahnetörtchen, mein Jüngster schlägt sich mit Ketchup den Magen voll und ich, ich rauche halt. So hat jeder sein kleines Vergnügen. Ich meine, sollte mal wirklich etwas passieren, kann ich immer noch aufhören. Und ich verspreche dir, Herr, wenn du mich gesund machst, dann bleibe ich künftig während der Predigt in der Kirche und verzichte auf die Zigarette. Ganz bestimmt.

Blauer Dunst

Ich rauche, sprach er mit zitternden
Händen, an deren Enden braune Flecken
die Haut bedecken,
weil es entspannt.

Ich rauche, sprach er mit hüstelnder
Stimme, und legt sich 'ne Glimme
auf seine Zunge in Richtung Lunge,
weil es mir schmeckt.

Was soll ich, sprach er mit qualmendem
Munde, mich denn im Grunde
schrecken lassen? Vorsätze fassen?
Ich will ja nur leben.

Eben. Und so genoß er in vollen
Zügen die Lügen des Lebens
hienieden vergebens.
Gestern ist er verschieden!

Don Camillo spricht mit Jesus

CAMILLO: Herr, jetzt liege ich schon zwei Wochen lang zu Bett, und die Arbeit türmt sich. Kannst du mich nicht gesund machen?

JESUS: (schweigt)

CAMILLO: Was ist, Herr? Ich muß zusehen, wie die Gemeinde ohne mich auskommt, und für dich wäre es ein leichtes, mich zu heilen.

JESUS: Du sagst es, Camillo. Die Gemeinde kommt ohne dich aus. Warum nimmst du dich so wichtig?

CAMILLO: Wichtig? Aber Herr, die Gemeinde braucht mich, wie Schafe ihren Hirten brauchen.

JESUS: Camillo, ich brauche dich auch.

CAMILLO: Na, siehst du. Dann ändere bitte meine Lage, und ich werde für dich Bäume ausreißen.

JESUS: Du hast mich falsch verstanden, Camillo. Ich brauche deine Hingabe. Auch krank kannst du mir eine große Hilfe sein.

CAMILLO: So?! Das hatte ich ganz vergessen, Herr. Aber was ist, wenn ich zu einer Taufe, zu einer Hochzeit oder Beerdigung gerufen werde?

JESUS: Laß das meine Sorge sein, Camillo. Du wirst schon sehen, daß ich Herr der Lage bin.

CAMILLO: O ja, Herr. Da habe ich nicht den geringsten Zweifel.

JESUS: Siehst du, Camillo. Ich freue mich über dein Vertrauen. Nur, wenn du krank bist, scheint nicht mehr viel davon übrig zu sein.

CAMILLO: Du hast recht, Herr. Ich bin nicht gewohnt, krank zu sein.

JESUS: Dann übe es. Mir zulieb!

CAMILLO: Ja, Herr, ich will es versuchen.

VIELE KRANKHEITEN sind hausgemacht, durch falsche Lebens- und Denkweise selbstverschuldet und keineswegs Strafe Gottes, wie das oft gedeutet wird. Schwieriger wird es bei unverschuldeten, auch vererbten Erkrankungen, die die Lebensqualität erheblich mindern können. Da stellt sich dann die Frage nach dem Sinn und nach der Liebe Gottes. Hier haben wir es mit dem schwierigsten Kapitel der Theologie zu tun; eine befriedigende Antwort auf die Sinnfrage bleibt aus. Da ist wirklich nur noch Vertrauen gefordert, Hingabe. Gott will unser Heil, und manchmal kann dieses (geistliche) Heil erst entstehen aus der bitteren Erfahrung eines (körperlichen) Unheils. Dennoch sind wir aufgefordert, alles Legitime für unsere Heilung zu tun und keineswegs die Krankheit als Strafe aufzufassen oder zu voreilig als unser Kreuz zu deuten; denn auch der Arzt ist ein Werkzeug Gottes.

Schätze den Arzt, weil man ihn braucht; / denn auch ihn hat Gott erschaffen.

Von Gott hat der Arzt die Weisheit, / vom König empfängt er Geschenke.

Das Wissen des Arztes erhöht sein Haupt, / bei Fürsten hat er Zutritt.

Gott bringt aus der Erde Heilmittel hervor, / der Einsichtige verschmähe sie nicht.

Wurde nicht durch ein Holz das Wasser süß, / so daß Gottes Macht sich zeigte?

Er gab dem Menschen Einsicht, / um sich durch seine Wunderkräfte zu verherrlichen.

Durch Mittel beruhigt der Arzt den Schmerz, / ebenso bereitet der Salbenmischer die Arznei,

damit Gottes Werke nicht aufhören / und die Hilfe nicht von der Erde verschwindet.

Mein Sohn, bei Krankheit säume nicht, / bete zu Gott, denn er macht gesund. Jes Sir 38,1–9

Mein Sohn, prüfe dich in deiner Lebensweise, / beobachte, was dir schlecht bekommt, und meide es!

Denn nicht alles ist für alle gut, / nicht jeder kann jedes wählen.

Giere nicht nach jedem Genuß, / stürz dich nicht auf alle Leckerbissen!

Denn im Übermaß des Essens steckt die Krankheit, / der Unmäßige verfällt heftigem Erbrechen.

Schon viele sind durch Unmäßigkeit gestorben, / wer sich aber beherrscht, verlängert sein Leben.

Jes Sir 37,27–31

Aus der Tiefe (Diensberg/Diensberg)

DER TRAUERNDE CHRIST

Es gibt viele Anlässe zur Trauer. Enttäuschungen, Demütigungen, Mißerfolge, Tod, Leid, Hilflosigkeit... Die einschneidendste Trauer ist sicher die über den Verlust eines geliebten Menschen. Es ist ein Abschiednehmenmüssen auf unbestimmte Zeit. Diesem Tod steht die Auferstehung gegenüber, das Wiedersehen bei Gott, für viele Grund zur Hoffnung und Hilfe bei der Bewältigung ihrer Trauer.

Alexander Mitscherlich sprach von der Trauerarbeit; er hat die Notwendigkeit erkannt, Tränen zuzulassen und Trauer bei sich selber zu erlauben. Nicht verarbeitete Trauer kann sehr krank machen, kann zur Depression oder zur Aggression führen. In den arabischen Ländern werden eigens Klageweiber engagiert, die der Trauer lautstarken Ausdruck geben und somit helfen sollen, sie im Mitleiden der Gemeinschaft besser zu bewältigen.

Ich kann auch über mich selbst traurig sein, wenn ich beispielsweise meine Grenzen deutlich erfahre oder einen Mitmenschen zutiefst verletzt habe. Dieser Schmerz verlangt Wiedergutmachung und wird dann in Freude verwandelt. Wo kein Schmerz vorhanden ist, kann keine Versöhnung stattfinden. Es ist daher kein Zeichen von besonderer Stärke, wenn einer seine Trauer versteckt und sich seine Tränen verbietet.

Jeder weiß, wie befreiend Tränen sein können. Es gibt Menschen, die schon seit Jahren nicht mehr geweint haben und es dann nicht mehr können. Manchmal ist es erforderlich, sie erst zum Weinen zu bringen, bevor die Heilung ihrer seelischen Wunden beginnen kann.

Jesus weinte beim Tod seines Freundes Lazarus; er weinte über die Verstocktheit der Bewohner von Jerusalem. Denen, die trauern, versprach er das Himmelreich.

Wer Tränen als Zeichen der Schwäche mißversteht, ist verführt, sie bei sich und anderen zu verbieten. Ich spreche jetzt nicht von erpresserischen oder taktischen Tränen, sondern vom echten Schmerz. Deshalb tut es gut, wenn man sich bei Freunden ausweinen darf. Der Trost kann nicht darin bestehen, daß einer jetzt viele Worte macht und »Kopf hoch« sagt, sondern daß er schweigend da ist und mittrauert.

Hier beweist sich Gemeinschaft, Freundschaft, Solidarität.

Schließlich muß die Trauer weichen und einer neuen Zuversicht Platz machen; denn Ostern ist allemal stärker als Karfreitag. Dem Menschen ist die frohe Botschaft verkündet worden, die ihm ein Reich verheißt, in dem es keine Trauer mehr geben wird.

Don Camillo spricht mit Jesus

CAMILLO: Herr, heute nachmittag werden wir den kleinen Petro beerdigen. Was soll ich der Familie sagen auf die Frage: Warum? Warum gerade er?

JESUS: Erklärungen führen nicht zum Glauben, Camillo.

CAMILLO: Aber Herr, die einen sagen, es sei die Strafe für die Sünden des Vaters, der immer betrunken ist; die anderen sagen, es ist gut so; wer weiß, was aus dem Jungen noch geworden wäre. Du kennst ja dieses Gerede.

JESUS: Und was glaubst du, Camillo?

CAMILLO: Ich weiß es nicht, Herr. Ich frage dich, warum du es nicht verhindert hast. Es wäre dir ein leichtes gewesen, das zu tun.

JESUS: Ja, das wäre es. Ich hätte bei meinem Tod auch ohne weiteres die Engel zu Hilfe rufen können, um das, was nottut, abzuwenden.

CAMILLO: Aber das war doch etwas ganz anderes.

JESUS: Woher weißt du das, Camillo?

CAMILLO: Wenn du nicht für uns Leid und Tod erlitten hättest, wären wir jetzt nicht erlöst.

JESUS: Das ist richtig, Camillo. Mit meiner Auferstehung ist das Kreuz aber nicht aus der Welt geschafft. Ich brauche eure Mitarbeit, euer Mitleiden, eure Solidarität.

CAMILLO: Das ist etwas, was ich nie begreifen werde, Herr.

JESUS: Ich will nicht, daß du mich begreifst, Camillo. Ich will, daß du mich liebst.

CAMILLO: Du machst es einem nicht leicht, dich zu lieben, Herr. Am Tod des kleinen Petro werden viele in ihrem Vertrauen erschüttert.

JESUS: Ich weiß, Camillo. Ich leide mit. Doch jeder, der mich liebt und sein Kreuz trägt, wird dafür hundertfach belohnt, auch Petros Eltern.

CAMILLO: Gut, Herr. Hilf ihnen, das Kreuz zu tragen.

TRAUER ist etwas, das jeden Menschen immer wieder begleitet und an seine schmerzlichen Grenzen führt. Jesus erlitt die Trauer genauso wie wir. Es gibt die Trauer als Ausdruck der Liebe zu einem verlorenen Menschen, zu einem verlorenen Wertgegenstand; und es gibt sie als Erfahrung meiner eigenen Grenzen und Abhängigkeiten. Jedes Loslassenmüssen verursacht Trauer, ist ein Stück Sterben. Darüber lassen sich keine Witze machen; wer sie dennoch macht, spricht vom schwarzen Humor. Doch Humor ist nie schwarz; er erhellt den leidgetrübten Blick; denn er weiß: Die Mitte der Nacht ist der Anfang des Tages.

Sie kamen zu einem Grundstück, das Getsemani heißt, und er sagte zu seinen Jüngern: Setzt euch und wartet hier, während ich bete. Und er nahm Petrus, Jakobus und Johannes mit sich. Da ergriff ihn Furcht und Angst, und er sagte zu ihnen: Meine Seele ist zu Tode betrübt. Bleibt hier und wacht! Und er ging ein Stück weiter, warf sich auf die Erde nieder und betete, daß die Stunde, wenn möglich, an ihm vorübergehe. Er sprach: Abba, Vater, alles ist dir möglich. Nimm diesen Kelch von mir! Aber nicht, was ich will, sondern was du willst (soll geschehen). Und er ging zurück und fand sie schlafend. Da sagte er zu Petrus: Simon, du schläfst? Konntest du nicht einmal eine Stunde wach bleiben? Wacht und betet, damit ihr nicht in Versuchung geratet. Der Geist ist willig, aber das Fleisch ist schwach. Und er ging wieder weg und betete mit den gleichen Worten. Als er zurückkam, fand er sie wieder schlafend, denn die Augen waren ihnen zugefallen; und sie wußten nicht, was sie ihm antworten sollten. Und er kam zum drittenmal und sagte zu ihnen: Schlaft ihr immer noch und ruht euch aus? Es ist genug. Die Stunde ist gekommen; jetzt wird der Menschensohn den Sündern ausgeliefert. Steht auf, wir wollen gehen! Seht, der Verräter, der mich ausliefert, ist da. Mk 14,32–42

Als sich Jesus wieder auf den Weg machte, lief ein Mann auf ihn zu, fiel vor ihm auf die Knie und fragte ihn: Guter Meister, was muß ich tun, um das ewige Leben zu gewinnen? Jesus antwortete: Warum nennst du mich gut? Niemand ist gut außer Gott, dem Einen. Du kennst doch die Gebote: Du sollst nicht töten, du sollst nicht die Ehe brechen, du sollst nicht stehlen, du sollst nicht falsch aussagen, du sollst keinen Raub begehen; ehre deinen Vater und deine Mutter! Er erwiderte ihm: Meister, alle diese Gebote habe ich von Jugend an befolgt. Da sah ihn Jesus an, und weil er ihn liebte, sagte er: Eines fehlt dir noch: Geh, verkaufe, was du hast, gib das Geld den Armen, und du wirst einen bleibenden Schatz im Himmel haben; dann komm und folge mir nach! Der Mann aber war betrübt, als er das hörte, und ging traurig weg; denn er hatte ein großes Vermögen. Da sah Jesus seine Jünger an und sagte zu ihnen:

Wie schwer ist es für Menschen, die viel besitzen, in das Reich Gottes zu kommen! Die Jünger waren über seine Worte bestürzt. Jesus aber sagte noch einmal zu ihnen: Meine Kinder, wie schwer ist es, in das Reich Gottes zu kommen! Eher geht ein Kamel durch ein Nadelöhr, als daß ein Reicher in das Reich Gottes gelangt. Mk 10,17–25

Als er näher kam und die Stadt sah, weinte er über sie und sagte: Wenn doch auch du an diesem Tag erkannt hättest, was dir Frieden bringt. Jetzt aber bleibt es vor deinen Augen verborgen. Es wird eine Zeit für dich kommen, in der deine Feinde rings um dich einen Wall aufwerfen, dich einschließen und von allen Seiten bedrängen. Sie werden dich und deine Kinder zerschmettern und keinen Stein auf dem andern lassen; denn du hast die Zeit der Gnade nicht erkannt. Lk 19,41–44

Der Clown

Oft fühl ich mich wie jener Clown,
der in dem Zirkuszelt die Welt
zum Lachen bringt, dem es gelingt,
daß selbst die kalten Herzen tau'n.

Der zwischen Menschen Brücken baut,
der selbst im Leid noch fröhlich schaut,
der aus den Großen Kinder macht
und über Alltagssorgen lacht.

Dem keiner ansieht, wie mit List
er das verbirgt, was er oft ist:
bedrückt und traurig tief im Herzen.

So kann er lachend Brücken bau'n.
Und niemand weiß um seine Schmerzen.
Oft fühl ich mich wie jener Clown.

Wie Gott mir Trost zusprach

Es gibt immer wieder Momente depressiver Stimmung in meinem Leben. Sie sind meistens Folgen einer mißlungenen Therapie oder eines moralischen Versagens. Dann kann es sein, daß nichts mehr geht; ich bin unfähig, irgend etwas zu tun, bin wie gelähmt und suche dann das Gespräch mit meinen Freunden. So erinnere ich mich an eine Situation, in der ich völlig allein war; niemand war erreichbar, bei dem ich mich hätte ausweinen oder aussprechen können. So bat ich Gott um einen deutlichen, spürbaren Trost in diesem bedrückenden Gefühl der Einsamkeit.

Während des Betens kam mir der Gedanke, eine Karte mit einem Bibelspruch aus einem Stapel solcher biblischer Zitate blind herauszugreifen. Ich zögerte erst, weil ich dachte, solches Vorgehen sei doch zu simpel, tat es dann aber doch und hatte die Antwort Gottes in der Hand:

»Hoffe auf den Herrn und sei stark! Hab festen Mut und sei unverzagt.« (Ps 27,14)

Offene Fragen

(Diensberg/Diensberg)

2. Offene Fragen, wo Verzweiflung quält!
Offene Fragen, wo Verstand nicht zählt!
Offene Fragen, keine Antwort da!
Offene Fragen und kein Ausweg nah!
Bist Du in unsrer Mitte, Herr?

3. Offene Fragen, wo der Schmerz uns zwingt!
Offene Fragen, wo der Tod beginnt!
Offene Fragen, wo der Mensch verliert!
Offene Fragen, wo das Leben stirbt!
Bist Du in unsrer Mitte, Herr?

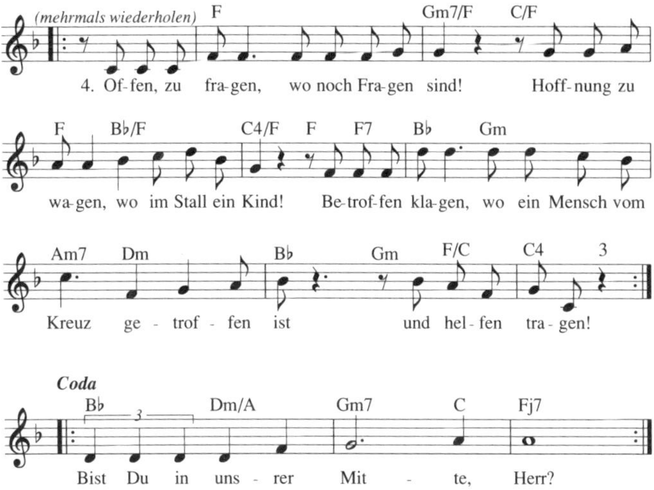
(mehrmals wiederholen)
F Gm7/F C/F
4. Of-fen, zu fra-gen, wo noch Fra-gen sind! Hoff-nung zu
F B♭/F C4/F F F7 B♭ Gm
wa-gen, wo im Stall ein Kind! Be-trof-fen kla-gen, wo ein Mensch vom
Am7 Dm B♭ Gm F/C C4 3
Kreuz ge - trof - fen ist und hel - fen tra - gen!
Coda
B♭ Dm/A Gm7 C Fj7
3
Bist Du in uns - rer Mit - te, Herr?

DER PERFEKTE CHRIST

Ich meine nicht den Heiligen, nicht den Vollkommenen, sondern den, der verbissen an Vorschriften hängt und fürchterliche Angst vor der Freiheit hat. Und weil er solche Angst hat, in freien Entscheidungen sein Leben zu wagen mitsamt den Möglichkeiten, schuldig zu werden, klammert er sich an Gesetze. Da weiß er, was er hat.

Er kann nichts riskieren; es könnte ja falsch sein. Sein Leben verläuft gewiß nicht verrückt, verschwenderisch, grenzenlos, wie Alexander Diensberg dies im nachstehenden Lied artikuliert, in dem er den Gegentyp des zwanghaft Abgesicherten zeichnet, ein Stück von sich selber.

Die Bemühung, alles richtig machen zu wollen, ist sicher lobenswert. Das Problem liegt in der Übertreibung. Der perfekte Christ neigt zu Dogmatismus und zu Intoleranz; früh wurde ihm beigebracht, daß »Ordnung sein muß«, und daß eine zu große Freiheit gefährlich ist. So sichert er sein Leben nach allen Richtungen ab, indem er sich an die Vorschriften hält, selbst dann, wenn er spürt, daß das Leben auch noch andere Dimensionen hat.

Es ist durchaus möglich, daß es ihn sehr ärgert, wenn andere sich Freiheiten herausnehmen und sich keineswegs schuldig fühlen bei Übertretungen bedeutungsloser Paragraphen. Daß letztlich allein die Liebe zählt, und die Liebe es manchmal erforderlich macht, ein an sich sinnvolles Gebot unberücksichtigt zu lassen, ist für sie schwer nachvollziehbar. Ihr Kopf mag es noch verstehen, nicht aber ihr Herz. Da ist denn die Angst doch zu groß: Man kann ja nie wissen.

Gewiß muß man ihm seine ehrlichen Bemühungen zugute halten. Er versucht sein Bestes, ja er muß seinem rigiden Gewissen gerecht werden, wenn er nicht an funktionalen Schuldgefühlen zugrundegehen will. Hierin liegt sein Dilemma: Er bekommt zu schnell Gewissensbisse, wenn er abrückt vom einmal gewählten Weg, den es konsequent einzuhalten gilt, will er sich nicht selber untreu werden.

Perfektionismus als Abwehrversuch gegen mögliche Fehler, Irrtümer, Verführungen. Gewiß auch ein Weg zur Heiligkeit, aber kein vergnüglicher.

DIE PHARISÄER waren Vertreter einer perfektionierten Gesetzesreligion. In 248 Geboten und 365 Verboten versuchten sie, das alltägliche Leben zu reglementieren. Jesus legte sich mit ihnen an, weil er die innere Freiheit des Menschen förderte und die Gesinnung über die Gesetze stellte. Es liegt auf der Hand, daß Menschen mit einer rigiden Paragraphen-Mentalität kaum Humor besitzen; denn Humor setzt den Mut zum Wagnis voraus, zur kreativen Eigengestaltung des Lebens.

Dieses Wertlegen auf Äußerlichkeiten prangert Jesus in der folgenden Begebenheit an:

Da kamen von Jerusalem Pharisäer und Schriftgelehrte zu Jesus und sagten: Warum mißachten deine Jünger die Überlieferung der Alten? Denn sie waschen sich nicht die Hände vor dem Essen. Er entgegnete ihnen: Warum mißachtet denn ihr Gottes Gebot um eurer Überlieferung willen? Gott hat gesagt: Ehre Vater und Mutter!, und: Wer Vater oder Mutter verflucht, soll mit dem Tod bestraft werden. Ihr aber lehrt: Wer zu Vater oder Mutter sagt: Was ich dir schulde, erkläre ich zur Opfergabe!, der braucht seinen Vater oder seine Mutter nicht mehr zu ehren. Damit habt ihr Gottes Wort um eurer Überlieferung willen außer Kraft gesetzt. Ihr Heuchler! Der Prophet Jesaja hatte recht, als er über euch sagte: Dieses Volk ehrt mich mit den Lippen, sein Herz aber ist weit weg von mir. Es ist sinnlos, wie sie mich verehren; was sie lehren, sind Satzungen von Menschen.

Und er rief die Leute zu sich und sagte: Hört und begreift: Nicht das, was durch den Mund in den Menschen hineinkommt, macht ihn unrein, sondern was aus dem Mund des Menschen herauskommt, das macht ihn unrein.

Da kamen die Jünger zu ihm und sagten: Weißt du, daß die Pharisäer über deine Worte empört sind? Er antwortete ihnen: Jede Pflanze, die nicht mein himmlischer Vater gepflanzt hat, wird ausgerissen werden. Laßt sie, es sind blinde Blindenführer. Und wenn ein Blinder einen Blinden führt, werden beide in eine Grube fallen.

Da sagte Petrus zu ihm: Erkläre uns jenes rätselhafte Wort! Er antwortete: Seid auch ihr noch immer ohne Einsicht? Begreift ihr nicht, daß alles, was durch den Mund (in den Menschen) hineinkommt, in den Magen gelangt und dann wieder ausgeschieden wird? Was aber aus dem Mund herauskommt, das kommt aus dem Herzen, und das macht den Menschen unrein. Denn aus dem Herzen kommen böse Gedanken, Mord, Ehebruch, Unzucht, Diebstahl, falsche Zeugenaussagen und Verleumdungen. Das ist es, was den Menschen unrein macht; aber mit ungewaschenen Händen essen macht ihn nicht unrein.

Mt 15,1–20

Im Namen des Volkes

Und was die Erfüllung der Vorschrift betrifft:
So sind wir nur Sklaven
der paar Paragraphen,
die wir uns geschaffen.
Denn schließlich und letztlich
steht doch das Gesetz
noch über dem Menschen und alles andre
ist dummes Geschwätz.
Vorschrift ist Vorschrift,
wo kämen wir hin, wenn,

und Ordnung muß sein, denn
wir sind nicht allein und wir sind
schließlich alle geboren für Normen,
sonst wär'n wir verloren.
Befehl ist Befehl, und wer sagt,
Gott würde retten und nicht das Gesetz,
verbreitet Geschwätz.
Im Namen des Volkes:
Ordnung muß sein!

Don Camillo spricht mit Jesus

CAMILLO: Herr, es ist zu dumm. In letzter Zeit gelingen mir die Dinge nicht so wie ich es mir wünsche.

JESUS: Hast du dir einmal überlegt, woran das liegen könnte, Camillo?

CAMILLO: Es ärgert mich, wenn ich meine Vorstellungen nicht verwirklichen kann; entweder mache ich etwas richtig oder gar nicht. Halbe Sachen mag ich nicht.

JESUS: Ist es nicht viel wichtiger, etwas aus Liebe zu tun, auch wenn es dann nicht so ausfällt wie du das willst?

CAMILLO: Herr, auch die Liebe drängt darauf, perfekt sein zu wollen, oder nicht?

JESUS: Glaubst du wirklich, Camillo? Hast du nicht vielmehr Angst, zu wenig Anerkennung zu bekommen, wenn du nicht perfekt bist?

CAMILLO: Anerkennung? Wer sollte mich anerkennen? Den Leuten ist doch egal, was ich wie mache.

JESUS: Anerkennung von dir selbst, Camillo. Du bist erst dann zufrieden mit dir, wenn du deinen hohen Ansprüchen gerecht geworden bist. Ist es nicht so, Camillo?

CAMILLO: Du hast recht, Herr. Meine Ansprüche sind manchmal sehr hoch, zu hoch. Dadurch setze ich mich ständig unter Druck.

JESUS: Du brauchst mehr Mut, deine Grenzen anzunehmen, und mehr Demut.

CAMILLO: Gewiß, Herr. Du weißt ja, wie es in mir aussieht. Ich brauche deine Hilfe.

JESUS: Erfülle deine Pflicht und tu, was du kannst. Das andere überlaß mir!

CAMILLO: Herr, ich weiß, daß du auf krummen Zeilen gerade schreiben kannst. Aber ich habe Angst, nicht genügend geachtet zu sein, wenn ich nicht gut genug bin.

JESUS: Es ist dir also doch nicht gleichgültig, was die Leute von dir halten? Und was ich von dir denke, zählt das nicht?

CAMILLO: Aber sicher, Herr. Das ist mir viel wichtiger! – Darf ich wissen, was du von mir denkst?

JESUS: Du vertraust mir zu wenig, Camillo. Du baust auf deine eigene Kraft und fürchtest dich vor deiner Schwachheit. Aber erst in deiner Schwachheit gibst du mir die Möglichkeit, dir meine Kraft zu geben.

CAMILLO: Herr, ich sehe ein, daß ich mich ändern muß, daß ich zu stolz bin. Ich verspreche dir, mich zu bessern.

JESUS: Das ist schön, Camillo. Aber denk daran: Was die anderen von dir halten, ist nicht so wichtig. Ich werde dich nicht auslachen, wenn es nicht so perfekt ist.

Falsche Frömmigkeit

Ein Christ sucht nach der Frömmigkeit
und opfert dafür jede Zeit.
So geht er schon seit vielen Jahren
zu allen Bibelseminaren
und kauft die frömmsten Bücher auch,
nimmt teil an jedem frommen Brauch,
ist rührig für die Großpfarrei,
macht dies und das und allerlei.

Doch mag er schaffen, mag er machen,
trotz Emsigkeit und all der Sachen
erkennt er nun, daß er als Christ
kein bißchen fromm geworden ist.
Sehr spät folgt ihm die Einsicht dann,
daß man nicht alles »machen« kann.

Perfektionismus

Ein Christ mit skrupulösem Leiden
will tunlichst jeden Fehler meiden.
Er gönnt sich nichts, ist sich nicht gut,
weil er vermeintlich Böses tut.
Er glaubt, sein Gott sei gnadenlos
und macht durch Leistung sich nun groß.
So geht er mit Verbissenheit
beklommen in die Ewigkeit.

VERRÜCKT – ICH GEBE DIR MEIN LEBEN

(Diensberg/Diensberg)

2. Mein Platz als ›Hörender‹ muß unter Menschen sein,
für die Gehorchen Lebenswidrigkeit und Unterdrükkung Wirklichkeit und keine Tugend ist!
Dort müssen meine Lieder klagend sein
und stark genug, um zu befrei'n,
damit auch hier von Gottes Reich ein wenig spürbar wird!

3. Mein Platz als ›Eheloser‹ muß unter Menschen sein,
für die Allein-sein Lebenswidrigkeit und Einsamkeit die Wirklichkeit und keine Tugend ist!
Dort muß Gemeinschaft ganz am Anfang steh'n,
mein Sehnen hin zum Nächsten geh'n,
damit auch hier von Gottes Reich ein wenig spürbar wird!

DER TRÄUMENDE CHRIST

Er träumt nicht etwa weltfern vor sich hin, sondern er ist erfüllt von einer Vision, die ihm Kraft gibt zum Weiterleben trotz allem. Es ist die Vision von einem Reich des Friedens und der Liebe, das auf Erden bereits begonnen hat, aber nur im Ansatz manchmal spürbar wird. Manchmal träumt er auch davon, wie er selber die Botschaft Gottes wirksamer und konsequenter leben könnte; denn er weiß um seine Unvollkommenheit.

Wer keine Träume dieser Art mehr hat, wird sich schwer tun, den Berg Zion zu erklimmen und dem Licht entgegenzueilen, das er immer schon ahnte, nie aber begriff. Wer hätte sich noch nie ein Paradies auf Erden erträumt?

Bisweilen teilt sich Gott im Traumgesicht selber mit. Es kann auch vorkommen, daß zwei Menschen den gleichen Traum haben, ihn einander mitteilen und sich gegenseitig ermutigen, ihn wahr zu machen; hier sind nicht die nächtlichen Träume gemeint, die irgendwelche Tagesreste oder verdrängte Erlebnisse heraufkommen lassen, sondern Sehnsüchte, fern von dümmlichen Illusionen, Sehnsüchte nach einem Ort, wo sich Erde und Himmel küssen.

Es ist schon seltsam, daß wir alle in den Himmel kommen wollen, nur nicht sofort. Das kann aber nur daran liegen, daß wir nicht annähernd wissen, was Himmel eigentlich bedeutet. Die gängigen Vorstellungen darüber sind alles andere als umwerfend: Engelchen mit Pausbakken, ein Heer von Heiligen, das pausenlos jubiliert und Gott anbetet, ein Reich ohne Ehe. Da reizt mich zunächst einmal das irdische Leben bedeutend mehr.

Jesus kann für jeden von uns diesen Traum vom sorgenfreien Leben wahr machen; die Bibel beschreibt das himmlische Jerusalem als eine Stadt aus Edelsteinen, aus Gold und Smaragd, aus Saphir, Topas, Amethyst und Karneol. Es ist hell in ihr; Freude ohne Ende herrscht dort. (Offb 21)

Ich weiß es aus eigener Erfahrung: Wer etwas erreichen will, muß Träume haben. Ohne sie fehlt ihm die nötige Energie. Was nicht hier auf Erden erreicht wird, schenkt Gott in der anderen Welt. Ghandi träumte, Martin Luther King träumte, große Heilige träumten. Es ist gut, einen Traum zu haben. Dann hat man auch ein Ziel.

JESUS BIETET in den Seligpreisungen die Verwirklichung eines Traumes. Immer wieder sprach er seinen Anhängern Mut zu und verwies auf das künftige Reich, das nicht zu vergleichen ist mit dem jetzigen. Zugang zu diesem verwirklichten Traum haben die Glaubenden, eben diejenigen, die davon träumen und sich nicht mit den irdischen Gegebenheiten und menschlichen Begrenztheiten zufriedengeben. Zugang haben diejenigen, die sich jetzt schon in ihrem Herzen darauf einrichten und alles dransetzen, ein Stück dieser Seligkeit anderen schenken zu wollen, indem sie die Nächstenliebe praktizieren. Kein Mensch lebte seine Botschaft so radikal und überzeugend wie Jesus, der Sohn Gottes.

Er sagte: Selig, die arm sind vor Gott; denn ihnen gehört das Himmelreich. Selig die Trauernden; denn sie werden getröstet werden. Selig, die keine Gewalt anwenden; denn sie werden das Land erben. Selig, die hungern und dürsten nach der Gerechtigkeit; denn sie werden satt werden. Selig die Barmherzigen; denn sie werden Erbarmen finden. Selig, die ein reines Herz haben; denn sie werden Gott schauen. Selig, die Frieden stiften; denn sie werden Söhne Gottes genannt werden. Selig, die um der Gerechtigkeit willen verfolgt werden; denn ihnen gehört das Himmel-

reich. Selig seid ihr, wenn ihr um meinetwillen beschimpft und verfolgt und auf alle mögliche Weise verleumdet werdet. Freut euch und jubelt: Euer Lohn im Himmel wird groß sein. Denn so wurden schon vor euch die Propheten verfolgt.
Mt 5,3–12

Ich träume

Ich träume
von einer erlösten Kirche,
in der es keine Prälaten,
Monsignori und Geheimkämmerer gibt,
sondern nur Brüder und Schwestern.

Ich träume
von ansteckenden Christen,
die nicht in ängstlicher Verbissenheit
bekehren wollen, sondern voll Geduld
und Vertrauen ihren Glauben wirken lassen.

Ich träume
von einer Welt,
die keine Angst hat vor
Homosexuellen, Zigeunern und Türken,
sondern in ihnen Kinder Gottes sieht.

Ich träume,
weil ich weiß, daß auch Träume
Wirklichkeit werden können.

Träume sind nicht Schäume (Diensberg/Diensberg)

2. Wenn du dem Traum zu trau'n beginnst,
|: dann kann es manchmal sein,
daß das, was dich oft träge macht,
die Macht verliert und Kräfte in dir weckt. :|

3. Wenn du dem Traum zu trau'n beginnst,
|: dann wirst du sehr schnell seh'n,
daß dir dein Weg entgegenkommt,
und mit ihm Gott, der dir die Träume schickt. :|

(I. Melodie: 1.+ 7. Str.)

(II. Melodie: 2.- 6. Str.)

3. Wer zornig war, den mag die Ruhe zähmen
und Sorge braucht jetzt nicht ans Morgen denken!
Und da, wo Ängste unser Wollen lähmen,
da mögen Träume neuen Mut uns schenken!

4. Der Streber mag Erholung nur erstreben!
Erfolge möge man erstmal verdauen!
Den Streß mag man der Stille übergeben
und Eifersucht nicht stetig wiederkauen.

5. Die Macht verliere das, was süchtig macht.
Die Nacht, sie möge endlich Frieden geben
dem Unzufriedenen, als Trost gedacht,
und denen die unter Verleumdung leben.

6. Der Träumer sich in seinem Traumland finde,
im Grenzland der Perfekte sich entdecke,
den Satten mag der Bauch am Schlafen hindern
und dem Versager Mut zu Neuem wecken!

7. Wenn nun die Nacht über die Erde fällt…

VERZEICHNIS DER LIEDER UND LIEDANFÄNGE

Abendlied ... 140
Ach wie schön ist's ... 96
Als Du sahst, daß eines Tages ... 46
Aus der Tiefe ... 119
Du hast das Leben dem Tod preisgegeben ... 72
Einer, der Angst hat ... 88
Einer für alle ... 60
Es war da einer, dem keiner glaubte ... 63
Hab' Erbarmen ... 63
Herr, es ist Zeit ... 112
Hetzen, um die Wette fetzen ... 21
Ich lieb' ihn so ... 53
Karriere nach unten ... 72
Let's fetz! ... 21
Lied des Eifersüchtigen ... 53
Lied vom Zorn Jesu ... 46
Mach Dir keine allzugroßen Sorgen ... 80
Mein Platz als »Armer« ... 134
Mutmachlied ... 102
Nimm dir Zeit und hab' Geduld ... 96
Offene Fragen ... 126
Sie zeigen mit dem Finger ... 28
Spürst Du im Bauch ... 102
Sündenbock ... 28
Träume sind nicht Schäume ... 139
Traumgesichte in der Nacht ... 139
Verrückt – ich gebe Dir mein Leben ... 134
Was lau ist, spuck' ich aus ... 37
Wenn du dem Traum zu trau'n beginnst ... 139
Wenn nun die Nacht über die Erde fällt ... 140
Zwölf Töne nur hat die Musik ... 60

BÜCHER VON JÖRG MÜLLER IM J. F. STEINKOPF VERLAG

Ein Christ
Gereimte Ungereimtheiten eines Betroffenen

Noch ein Christ
Andere Ungereimtheiten eines Betroffenen
Je 48 Seiten, 10 Karikaturen von Klaus G. Müller, kartoniert

Heitere Gedichtbändchen mit Illustrationen, die die Schwächen des christlichen Alltags trefflich und pointiert aufs Korn nehmen. Gedichte im Eugen-Roth-Stil für Suchende, Verirrte, Verwirrte, für jeden (Super-)Christen und für den, der keine Zeit zum müßigen Lesen hat. Ideale Geschenke für Patienten, Pfarrer, Nichtpfarrer, Über-, Nicht- und Nebenchristen, Sektierer und Frischbekehrte. Für alle, die hintergründigen Humor lieben.

Gott heilt auch dich
Seelische und körperliche Heilung durch einen lebendigen Glauben. 96 Seiten, kartoniert

Hier wird eine christlich orientierte Lebenshilfe angeboten. Heilung ist möglich, wenn Selbstannahme, Vergebung und Hören auf Gottes Handeln geübt werden. Erfahrungen aus Gebetsgruppen sowie authentische Heilungs- und Glaubenszeugnisse liegen den lebendigen Schilderungen zugrunde. Ein befreiendes Buch über die Voraussetzungen von Heilung.

Und heilt alle deine Gebrechen
Psychotherapie in christlicher Sicht
144 Seiten, kartoniert

Eine längst fällige Einführung in die biblisch-christliche Psychotherapie und Psychiatrie. Der Autor ermutigt zu einer biblischen Psychosomatik und setzt sich kritisch mit den herkömmlichen Therapieverfahren auseinander. Er warnt vor den Gefahren des alternativen Psychomarkts und bringt Beispiele christlicher Therapieverfahren aus seiner eigenen Praxis. Auf Grund der Zusage Gottes erfahren Menschen Heilung und Wiederherstellung an Leib und Seele.

Lebensängste und Begegnung mit Gott
160 Seiten, kartoniert

Über die Entstehung hysterischer, depressiver, aggressiver und ängstlicher Verhaltensweisen; über Zwänge und religiöse Nöte. Die Voraussetzungen von Heilungen werden aus psychologischer und biblischer Sicht in verständlicher Weise dargelegt. Der Autor geht der Frage nach, inwieweit falsche Gottesbilder neurotisch machen und warum Gott Schmerz zuläßt. Eine vorbehaltlose Hinwendung zu Gott kann Ängste verwandeln, Schuld vergeben und neue Lebensfreude entstehen lassen.

Stell dein Licht auf den Leuchter
Verständnis und Mißverständnis christlicher Demut
96 Seiten, kartoniert

Echte und falsche Demut werden untersucht, versteckte Selbstablehnung und fragwürdige Selbstlosigkeit werden aufgedeckt. Was meinte Jesus mit Selbstverleugnung? Der Verfasser zeigt auf, daß falsche Bescheidenheit zu Eitelkeit neigt und in verkappter Form nach Anerkennung sucht. Es geht um die rechte Weise der Demut, die Mut macht zu den eigenen Fähigkeiten, die auch gut zu sich selber sein kann und sich nicht vor Auseinandersetzungen scheut.

Wege zum geistlichen Leben
128 Seiten, kartoniert

Es gibt Leute, die Gott suchen und froh sind, daß sie ihn nicht finden, weil sie sonst ein kompromißloses und konsequentes Leben führen müßten. Hier aber wird praktische Hilfe zu einem erlösten und gesunden christlichen Leben angeboten. Es werden normale und krankhafte Formen religiösen Lebens dargestellt; ebenso wird eine Spiritualität beschrieben, die mit normalen Problemen und Grenzerfahrungen zu tun haben darf. Der Verfasser warnt vor Irrwegen und Abwegen im Okkultismus.